少年读 徐霞客游记 ③

◎ 舒文 / 编著

四川辞书出版社

读万卷书　行万里路

32

都匀历险记

时间：崇祯十一年（1638）

地点：独山（贵州省独山县）

主要人物：徐霞客

崇祯十一年（1638）三月二十七日，徐霞客一行人由广西南丹州（今南丹县）进入贵州独山州（今独山县，旧时隶属都匀府），一路向北至平越卫（今福泉市），后折向西，经贵州府（今贵阳市）、安顺府（今安顺市）等，于五月初十离开贵州、进入云南。

在贵州省内游历四十二天，可谓匆匆而过（后于八月底二次折返，停留五天，共计四十七天）。

本篇所述时间线为：三月二十七日到达独山州下司镇，经独山州城、都匀府城、麻哈州（今麻江县）城，于四月初五出都匀界，进入平越卫。对应《徐霞客游记》中的《黔游日记一》。

徐霞客在广西上林县的三里城，度过了一段惬意的时光，其中包括1638年的春节。

出人意料的是，刚进入贵州，残酷的现实就给了他当头一击。究竟是怎么回事呢？

在故事开讲之前，笔者先给大家透露一个秘密：徐霞客这时手里有一个宝贝，叫"马牌"。一说到"马牌"，就要讲一下古代的驿传制度。在我国古代社会，朝廷会在全国各地建一些驿站，专门用来传递军事情报、运送物资，或者给因公出行的官员提供食宿，等等。而在没有驿站的地方，官员若要想征调老百姓帮忙挑运物品或者提供马匹，这时候就要用到马牌。可以说，马牌是朝廷颁发的通行证，凭借马牌，官员可以无偿获得驿站所提供的食宿招待或者老百姓所提供的运输服务。

1637年秋天，在广西崇左旅游期间，徐霞客结识了当地名士藤肯堂，藤肯堂通过托关系，帮徐霞客从一名官员手里得到一副马牌。在湘江被强盗抢去钱财后，徐霞客的旅途一度非常艰难，而正是这副马牌，给他带来了极大的便利。凭借马牌，他可以在驿站免费吃住，可以征调村民应差，不再需要花钱雇用脚夫和马匹，甚至可以请求村民提供食宿。

说回正题，这一天是崇祯十一年（1638）三月二十七日，由于已经进入贵州地界，南丹州派来的差夫就告辞回去了。这时，徐霞客需要在当地一个叫"由彝村"（今尧益）的地方重新征调脚夫和马夫。然而，催了很久，村里只派来两个脚夫，顾行就领着那两个脚夫先行上路。徐霞客一个人坐在村里的竹楼中等马夫，一直等到傍晚，马夫才来。

就这样继续往前走，每经过一个村庄，就换一拨脚夫。虽然天色渐暗，但脚夫仍在不停地轮换着。徐霞客从没见过干活儿这么积极的脚夫，心想："他们应该是不想让我住到他们自己的村子里，所以才这么急于把我送到下一个村子吧！"不幸的是，马夫一直没换，并且除了第一个村子，其他村子都没有马夫应差。徐霞客只好强迫第一个马夫继续为自己提供运输服务。

有句俗语叫"地无三尺平"，说的正是贵州，因为那里山岭众多，交通非常不便。这一点，徐霞客算是彻底领教了：山脊上的岩石有着锯子一样的齿，横的像刀锋，竖的像剑刃，根本没法落脚，连马也走得跟跟跄跄。

这时，天已彻底黑下来，伸手不见五指。一行人只能

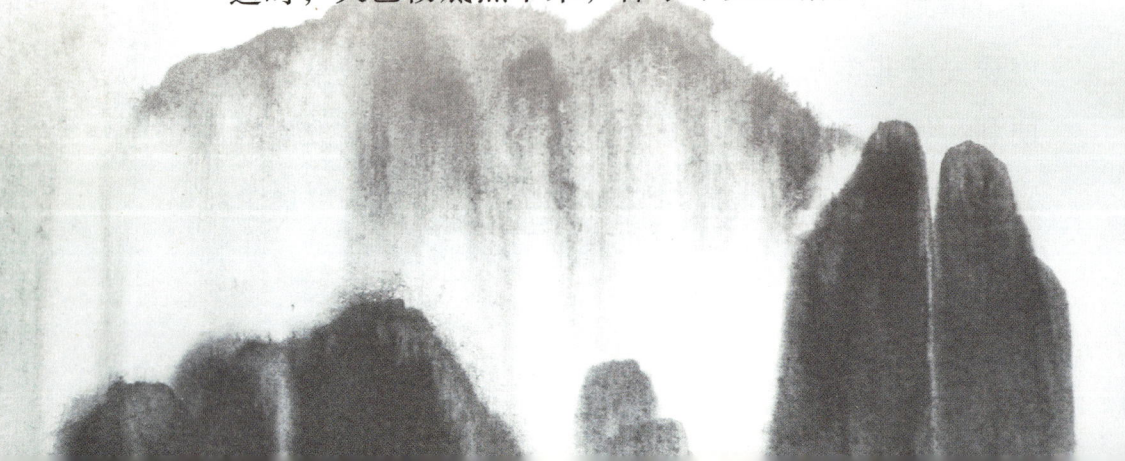

每走几步就互相呼喊、回应一下，靠声音来辨别方向。又翻过两座山岭，一行人才来到平地上。让差夫回去后，徐霞客和顾行一起摸到一个村子里去敲门。在这里，家家户户都是盖的简陋的茅草屋，且没人愿意开门。

等了好一会儿，一户人家才开门，表示愿意收留他们。然而这里的住宿条件非常恶劣，不要说床了，就连铺在地上的茅草也没有。

进入贵州的当晚，主仆二人没有饭吃，没有床睡，直接躺在湿冷的地上将就了一晚。

这真是令人寒心的一晚！

这个地方叫"下司"，再往北走是"上司"，下司的地方长官叫杨国贤，上司的地方长官名杨柚。两个长官其实是兄弟，但两个地方的人们却经常发生冲突。杨国贤管理不善，导致下司治安混乱、盗匪横行，而杨柚则将上司治理得井井有条。

第二天，徐霞客拿着名帖去拜访杨国贤，希望他能派遣脚夫和马夫。然而，杨国贤却连见都不肯见徐霞客，声称怕跟上司发生冲突，不敢派夫，只答应安排两三个人，护送徐霞客出城。吃过饭，负责护送的人却迟迟不来，徐霞客只好自己花钱雇了脚夫。

继续往北走，就进入了上司地界。这时候，一场大雨猛然来临，一行人只好停下来躲雨。紧接着，有四个人同样跑了过来躲雨。他们拿着镖、背着弩，腰间挎着长剑，箭囊中装满了箭矢。其中两个人跑到徐霞客的伞下，一个人跑到顾行的伞下，另一个人跑到脚夫的斗笠下。他们不仅全副武装，而且身强体壮、表情凶狠，不知道他们是来避雨的，还是来挟持人的，也不知道他们是官兵还是强盗。

徐霞客感到非常害怕，但努力让自己保持镇定。

这时，其中一个人开口问道："老哥这是要去哪儿？"

徐霞客答道："都匀，我们要赶往都匀府城。"

那人又问："借一袋烟来抽抽？"

徐霞客答道："不好意思，我不抽烟，不曾随身携带烟丝。"

接下来，又是一阵长久的沉默。徐霞客感到非常不安，不知道他们到底要干什么。如果真是来抢钱的，那倒是快点动手啊！这样既不动手，也不说明来意，反倒让人感到有些害怕。

既然他们未曾显露出恶意，徐霞客只好暂时把他们当好人看待。

眼看雨势逐渐变小了，徐霞客对那些人说："雨收

了，可以走了。"那些人回应道："嗯，可以走了。"

于是徐霞客一行人陆续起身，继续赶路。让人没想到的是，那四个人居然没有跟上来。

既然没有跟上来，就说明他们不是赶路的；既然不是赶路的，那就只有一种可能：他们是拦路抢劫的。

可是，他们居然放过了徐霞客！也许他们是看徐霞客非常镇定，不敢下手，也许是一刹那的良心发现，决定放过这个书生吧！总之，徐霞客又侥幸躲过了一劫。他事后提到，自己就像羊入虎口一样，对方已经将自己吞进了口中，只是没有下咽而已。

在旅行途中，徐霞客遭遇冷眼以及明抢暗盗和敲诈勒索最多的地方就是贵州——我们会在下文中陆续讲到更多故事。这也是徐霞客在贵州匆匆而过，几乎未做停留的原因之一。

不过，我们不能因此而得出结论说贵州人最不热情、不好客。要知道，徐霞客当时手里握的是马牌，而马牌所代表的是官府。面对官府的乱征滥用，老百姓自然会非常反感，不愿应差。

至于说让徐霞客睡在地上，也并非村民有意刁难，只因当时的生活条件就是那样。徐霞客在贵州期间，经常看到当地人要么没有床，要么没有茅草做铺垫，要么跟猪、羊等混居，要么与牛圈为邻……至于盗匪横行，则跟地方长官的治理能力和大明朝廷的鞭长莫及有关。

总之，我们不能仅仅因为徐霞客的这些遭遇就对贵州产生地域歧视，更不能将400多年前的事生搬硬套到今天的事情上。

知识大串联

徐霞客与"中国南方喀斯特"

徐霞客的西南之旅几乎覆盖了"中国南方喀斯特"的范围,并留下了关于这些区域最早最完整的记录,比西方的同类研究早了100多年。

趣味小贴士

俗语"天无三日晴,地无三尺平,人无三分银"是什么意思?

"天无三日晴",是指贵州多雨,其全年平均降水量超过1000毫米,是我国气候最湿润的省份之一,这一点由徐霞客经常被大雨所阻的经历可以看出来。"地无三尺平",是指贵州境内以山地居多,据统计,贵州90%以上的面积是山地和丘陵。"人无三分银",是指贵州自古以来经济相对落后,不过,随着我国精准扶贫工程的实施,这一状况已得到极大改善。

原文赏析

【原文节选】

忽有四人持镖负弩,悬剑櫜①矢,自后奔突而至。两人趋余伞下,一人趋顾仆伞下,一人趋担夫笠下,皆勇壮凶狞,似避雨,又似夹持。余甚恐。问余何往,余对以都匀。问余求烟,余对以不用。久之,雨不止而势少杀,余曰:"可行矣。"其人亦曰:"可去。"

【注释】

①櫜(gāo):古代用以盛放衣甲或弓箭的囊。

【参考译文】

忽然,有四个人拿着镖、背着弩,腰挎长剑,箭囊中装着箭矢,从后面突然跑了过来。其中两个人奔到我的伞下,一个人赶去顾行的伞下,一个人跑到挑夫的斗笠下。他们全都勇武健壮、凶狠狰狞,像是来避雨,又像是来挟持我们的。我感到非常恐惧。他们问我去往何处,我回答要去都匀。他们问我要烟,我回答不抽烟。过了许久,雨虽然没停,但雨势稍弱,我说:"可以走啦。"那些人也说:"可以离开了。"

读万卷书 行万里路

黔西有奇景

33

时间：崇祯十一年（1638）

地点：黔西（贵州省西部地区）

主要人物：徐霞客

崇祯十一年（1638）四月初五，徐霞客一行离开都匀界，向北到平越卫，后向西经新添卫（今贵定县）、龙里卫（今龙里县），十一日到贵州府（今贵阳市），然后经安顺府（今安顺市）、镇宁州（今镇宁布依族苗族自治县）、安南卫（今晴隆县）、新兴所（今普安县）和普安卫（今盘州市），于五月初九到达盘州市西境的亦字孔驿（今亦资孔）。

其间游古佛洞、白云山、黄果树瀑布（旧称"白水河瀑布"）以及北盘江上的铁索桥、晴隆威山三明洞、普安的观音洞、盘州的丹霞山和碧云洞等。

本篇所述主要对应《黔游日记一》和《黔游日记二》。

尽管在贵州遇到的很多人和很多事让徐霞客颇为不爽，但他依然忠实地记录下了那里的奇山秀水。

四月十五日至十七日，徐霞客在长顺县境内游白云山三天。

白云山之所以出名，一方面是因为它是贵州境内的佛教名山，另一方面是因为那里有很多关于建文帝的传说。建

文帝是明朝的第二个皇帝，即明太祖朱元璋的皇太孙。建文帝接受亲信大臣的建议，采取了一系列削藩计策，以加强中央集权，此举触动了燕王朱棣（即建文帝的叔叔）的利益。于是，朱棣以"清君侧"的名义挥师南下，攻陷京师（今江苏南京）。建文帝在战乱中下落不明，成为历史上的一桩悬案。有人说他死于宫廷大火，有人说他逃到云南、贵州一带落发为僧。

徐霞客在云南、贵州旅游期间，见到很多据称跟建文帝有关的遗迹。

"白云山"这一名字，相传就跟建文帝有关。相传建文帝来到山前，望着山中的白云向上攀登，后成为开山之祖，因此人们将此山叫作"白云山"。

山上的白云寺，据说也是由建文帝主持修建的。

对这些关于建文帝的传说，徐霞客恐怕未必真信，但他的记录仍然具有文化价值。

四月二十三日，徐霞客还曾远观白水河瀑布（今黄果

树瀑布），留下了关于白水河瀑布最早最详尽的记录。

他沿着白水河而行，远远就听到瀑声轰轰作响，从山陇的缺口望去，只见有河水从山崖上冲捣而下。他见过很高的瀑布，比如雁荡山的大龙湫，但像这样又宽又大的瀑布，还从未见过。当时，应是当地官府担心巡按大人会在此停留、观赏瀑布，专门在附近修建了望水亭。徐霞客坐在望水亭中，久久不忍离去。

如今，黄果树瀑布景区不仅有步行石梯，还有电梯，方便游人近距离、多角度地观赏瀑布。景区内还有一尊徐霞客坐像。

四月二十五日，徐霞客还看到了悬在北盘江上的铁索桥。由贵州进入云南，必然要跨过关索岭（今关岭布依族苗族自治县）和安南卫（今晴隆县）交界处的北盘江。历史上，这里曾用船渡江，但常有人溺水身亡；后来改用石块砌桥，但施工难度很高。明崇祯四年（1631），当时担任提刑按察使的布政史朱家民命令游击将军李芳先用铁链

来修桥。历时三年，桥终于修成。桥身和桥面都是铁链，桥面上铺有两层木板。两个桥头建有碟楼，可以闭关和放行。

自从建成后，铁索桥便成为古驿道上的一道关隘，有"滇黔锁钥"之称，乃兵家必争之地。

由于历代文人墨客、官宦商贾不绝如缕，铁索桥两岸留下非常多的石刻和碑文。徐霞客经过时正值傍晚，且突降大雨，于是只得匆匆而过，来不及细看。

五月初一至初三，徐霞客还游览了丹霞山和碧云洞。

徐霞客在攀登丹霞山途中，曾找不到路，幸亏当地村民两度提醒，他才得以踏上正途。游览期间，徐霞客夜宿玄帝宫（今护国寺）。寺中僧人影修不仅为徐霞客介绍景观，还拿出各种茶水蔬果招待他。其中有鸡㙡、折耳根，还有黄连头。临行时，影修还送给徐霞客一些茶酱，非常珍贵。

在碧云洞内，徐霞客见到了悬龙脊、十八龙田和蛇蜕皮等景观。悬龙脊是从洞顶顺着洞壁垂下的一条石脊，很像一条龙，而且石脊上的纹理很像龙鳞。十八龙田是水边像一块块农田的石台。蛇蜕皮则是洞窟内的一条石痕，顺着洞壁垂下，"鳞纹"细碎，很像蟒蛇蜕皮后黏在地上的样子。

游丹霞山和碧云洞期间，徐霞客把行李寄放在普安县城一家旅店内，店主名符心华——记住这个人，后面的故事跟他有关。

知识大串联

贵州佛教名山

长顺白云山与盘州丹霞山、安顺高峰山、铜仁梵净山均为贵州佛教名山。

趣味小贴士

茶酱为什么非常珍贵？

徐霞客在告别丹霞山时，影修和尚送给他一些茶酱，他非常珍视并提到，广西没有酱，贵州虽然有酱但非常贵。为什么这种日常食物在当时会被视为珍贵之物呢？

原来，做酱需要用食盐，而贵州当时的食盐特别贵，所以酱的成本也很高。徐霞客进入贵州后，沿途经常找不到吃饭的地方，因此想了很多保存和携带食物的办法，而茶酱无疑特别方便携带。

原文赏析

【原文节选】

　　透陇隙南顾,则路左一溪悬捣①,万练②飞空,溪上石如莲叶下覆,中剜三门,水由叶上漫顶而下,如鲛绡③万幅,横罩门外,直下者不可以丈数计,捣珠崩玉,飞沫反涌,如烟雾腾空,势甚雄厉。

【注释】

　　①捣:冲击。②练:洁白的绢。③鲛绡:传说中由鲛人所织的绡,也泛指名贵凉爽的薄纱。

【参考译文】

　　透过山陇的缺口回头向南眺望,就见路左侧有一条河流悬空冲捣而下,像万条白绢在空中飞舞,河流上方的岩石像荷叶一样下覆,中部像是被刀剜开了三个洞,水流从荷叶上漫过顶部倾泻而下,像千万匹薄纱,横笼在洞外,笔直下泻的距离无法用丈来计算,就像是舂捣珍珠,如玉屑迸溅,水花飞溅,波涛回涌,像是烟雾腾空一般,气势十分雄壮迅猛。

风景如画的贵州黔西

读万卷书　行万里路

34 钱再次被偷

时间：崇祯十一年（1638）

地点：黔西（贵州省西部地区）

主要人物：徐霞客

崇祯十一年（1638）五月初一至初三，徐霞客一行人将行李寄放在普安县城一个旅店内，游丹霞山和碧云洞，后因为找不到脚夫且钱财被偷，停留至初八。五月初九，他们从普安县城北门出发，当晚住宿在亦字孔驿，这是贵州的最后一站。五月初十，主仆二人从胜景关入云南。

　　本篇所述主要对应《黔游日记一》。

　　在旅行途中，除了多次被坐地起价、敲诈勒索，徐霞客还遭遇过三次明抢暗盗，其中一次就是前面所说的"湘江遇匪"，而剩下的两次都发生在贵州境内。

　　徐霞客本来从一个马帮雇了几个马夫，打算让他们帮忙长途驮运行李，一直运到云南境内。但在离开贵州普安县城时，徐霞客想绕道游览丹霞山，而马夫认为这跟之前讲好的路程不一样，就撂挑子不干了，并且退还了剩余的钱。

　　突然间没了马夫，徐霞客只好将行李重新打包，寄存在

一个名符心华的人开的旅店里，等过几天再来取。

就在手忙脚乱重新打包收拾行李的过程中，一些财物却被偷了。徐霞客当时猜想，肯定是马夫干的。

游完丹霞山回到旅店后，徐霞客口袋中的钱一天比一天少，而脚夫却一直没找到。看看那几天的日记，徐霞客都写了些什么吧：

五月初三　是晚觅夫不得，遂卧。
五月初四　觅夫不得，候于逆旅。
五月初五　仍不得夫。
五月初六　夫仍不得。
五月初七　囊钱日罄，而夫不可得，日复一日，不免闷闷。

其中五月初五那天是端午节，徐霞客想买些酒来解愁，但却没有钱。

初七那天，一个姓金的朋友送来一点钱，虽然不算多，但可谓雪中送炭，足可解燃眉之急了。

到了初八，终于有脚夫来了，但可恶的符店主却跟脚夫串通一气，帮着抬价刁难徐霞客。徐霞客实在掏不出那么多钱，脚夫便走了。下午又来了一个马夫，要价也非常高，徐霞客只能无奈地接受。

经过这几天的观察，徐霞客惊奇地发现，原来所丢失的钱财根本不是被马夫偷的，而是被符店主偷的。

这个人真是丧尽天良！

在旅途中遇到坏人，这已经是第三次了：第一次是衡州府的强盗，第二次是狗场堡的歹徒。

除了明着抢劫的强盗、拐骗人的歹徒，就属符心华这类人最坏了，他跟南宁的梁店主、宝檀和尚一样，没安一点儿好心。

不过，徐霞客感叹道："我能在万里之外，以孑然一身逃脱他的虎口，也算万幸了！"

在这里，徐霞客还提到一个人，就是狗场堡拐骗人的歹徒。故事发生在贵州平坝卫境内，歹徒名王贵。

关于王贵的来历，还要再往前追溯到广西之旅。

徐霞客离开三里城，前往庆远府（今约广西河池、东兰、凤山等市县地）途中，发现有几个人（其中包括王

贵）尾随自己，就问怎么回事。王贵答道："我们几个人想去庆远府。绕路走，太远；走这条路，又怕被坏人抢。我们正在犹豫的时候，看见您有官兵护送，就想跟着您。有了您的庇护，我们兴许能顺利到达庆远府。"

徐霞客同情这几个人，就接纳了他们，并把从驿站得到的东西一同分享给了他们。到庆远府的时候，他们就离开了。没想到在游览南山的时候，这几个人又出现了，而且还鞍前马后伺候徐霞客，表现得非常殷勤。

徐霞客心想，到了贵州境内，还需要不停地找挑夫，既然他们这么愿意效力，就接纳他们中的一个人吧。于是徐霞客说道："我只能收一个人，至于谁留下，你们自己商量。在这里，我暂时用不着帮忙，但既然跟了我，我每天也会给一分银子的工钱，等日后需要挑担子了，我每天给三分半银子的工钱。"

而他们想让徐霞客收下两个人，但徐霞客坚持只收一个，于是王贵提出收留自己。

后来，徐霞客听当地村民说，这帮人中有人拐了一个放牛的孩子，还把孩子带到南山的山洞里，用棉絮塞住嘴。徐霞客怀疑干这事的正是王贵，但王贵辩解说不是他干的，而是其余几个人干的。

徐霞客选择相信王贵，就带着他一路来到了贵州。

然而，他们到达麻江县时，王贵突然变得嚣张起来，对徐霞客的态度也很不好，还用板凳砸伤了他的脚。徐霞客于是就想另找挑夫，这时，王贵的态度突然又软下来，低声下气地请求原谅。看王贵那可怜的样子，徐霞客原谅了他。

四月十九日这一天早晨，顾行起来催促当地村民做早饭，王贵也起来了。徐霞客觉得有点奇怪，因为王贵向来很懒，不肯早起床，那天却一大早就听到他大呼小叫的声音。等到徐霞客起床吃饭时，他发现王贵已经跑了，而之前藏在装盐竹筒里的几两金子也不见了。

徐霞客本以为路费藏得很牢，没想到还是被王贵窥探到了。

真是一个"有耐心"的歹徒！

最后，笔者想再次提醒读者朋友，不要因为这两件事都发生在贵州境内，就对贵州产生地域歧视。人品不是按地域来区分高低贵贱的，只跟每个人的良知良能有关。

知识大串联

一分银子大约相当于今天的人民币多少钱？

徐霞客曾许诺王贵：没活儿可干的时候，每天给一分银子的工钱；有活儿干的时候，每天给三分半银子的工钱。那么，这种薪资水平到底如何呢？

古今货币换算是一个非常复杂的问题，我们在这里仅以购买力大小进行大致比较。徐霞客在保山旅游时曾提到，在橄榄坡（今名橄榄寨）住宿很便宜，每晚仅需20文钱，还包含两餐以及带着上路的食物。我们姑且认为这是一家提供了星级服务的低价旅店，每天需要100元人民币。这样一来，1文钱相当于5元人民币，一分银子（10文钱）则相当于50元人民币，三分半银子相当于175元人民币。由此看来，其所得报酬与今天同等强度的体力劳动似乎相当。

趣味小贴士

胜境关"风雨判云贵"

云南和贵州交界处有一个界关叫"胜境关"。关于胜境关，自古有"风雨判云贵"的说法。因为云南多风，空气干燥，所以朝西一面的石狮子上常年落满了灰尘；又因为贵州多雨，空气湿润，所以朝东一面的石狮子上常年长满了青苔。行人即使分不清方向，也可以根据上述特征判定哪一面是云南，哪一面是贵州。

徐霞客从贵州进入云南，肯定途经胜境关，可惜的是，相关游记已经散失。

读万卷书　行万里路

35

追溯盘江源

时间：崇祯十一年（1638）

地点：沾益（云南省曲靖市）

主要人物：徐霞客

徐霞客一行人于崇祯十一年（1638）五月初十进入云南，向西过平夷卫（今富源县）、交水（今曲靖市沾益区），又向南过曲靖府（今曲靖市）、陆凉州（今曲靖市陆凉县）、嵩明州（今昆明市嵩明县）南境，到达云南省城（今昆明市），后继续向南到达临安府（今建水县），再向东到达阿迷州（今开远市），向北到达弥勒州（今弥勒市），向东经广西府（今泸西县）、师宗州（今师宗县）、罗平州（今罗平县）进入贵州，于八月二十六日到达贵州黄草坝（今兴义市）。

八月二十九日，徐霞客一行人重新进入云南，在沾益与当地富户龚起潜交谈后，认为已探明珠江源头，后经寻甸府（今寻甸县）、嵩明州，重回昆明。

徐霞客一行人第一次到达昆明后的行程，相当于在云南东南部画了一个圆，重新绕回昆明，其间还到过贵州。

本篇所述主要对应《滇游日记一》《滇游日记二》《滇游日记三》。

徐霞客进入云南后，最初八十七天的游记，如今已经看不到了。据说这部分文稿毁于1645年（徐霞客去世四年后）江阴城的"奴变"大火。

下一篇游记的时间，已经是八月初七，当时徐霞客在泸西县城。

通过其他篇目的回顾性记述，我们可以大体还原出徐霞客进入云南后的行程：从富源进入云南后，一路走到昆明，后向云南东南部迂回，短暂进入贵州境内，再经过曲靖，重回昆明，历时四个多月。

这段游历沿途几乎没有停留，除了被病痛和大雨阻滞，他们基本上一直在赶路。

徐霞客在干什么？他在考察南盘江、北盘江的水脉分布。

> **奴变**
>
> 明末清初时期，江南一带富户家的奴仆因无法忍受其主人的奴役欺压，故聚集在一起，捆绑殴打主人，并索要自己的卖身契，史称"江南奴变"。

这已经算得上是纯粹的科学考察，意义远超他早年间的游山玩水。

这次考察的成果，就是他后来写成的《盘江考》。

明朝的官方志书《大明一统志》认为，南盘江和北盘江系出同源，但徐霞客在其《盘江考》中却明确指出：两个"盘江"只是名字相同，根本不是出自同一个源头；两者也并非两度分别汇合于贵州、广西境内。

《盘江考》一书对南盘江发源地的考证不但正确，而且非常精确，仅比用现代科技手段所确定的珠江正源偏了十几里。

现在的曲靖珠江源风景区，就立有徐霞客的塑像。

不过，《盘江考》并不完美，比如它所考证的北盘江的发源地就是错误的。

在这里，我们不能苛求徐霞客，因为他是以一个人的力量，完成了一项繁重的科考项目。更何况，他沿途遇到的困难，远非常人所能承受：

在师宗县城外住宿的时候，他听说自己白天走过的路上，曾有强盗拦路抢劫。

在黄泥河边等待渡江的时候，渡船却迟迟不肯靠岸，只等要到了更高的价格，渡船才肯缓缓划过来载人。

在黄泥河边住店的时候，老板娘乘人之危、坐地起价，而且先要钱、再给饭，饭菜又少又难吃。

在碧峒附近，他亲眼看见有狼白天出来拖羊吃，他为自己经常走夜路而感到后怕和庆幸。

在嵩明县城时，他写信给代理知州兼老乡，想要借钱，没想到对方连信都不收。

…………

这是一段艰难的旅程，徐霞客不仅坚持了下来，还写成了流传后世的地理学名篇——《盘江考》。

要说旅途中有什么暖色，一是进入昆明后，一群当地名流热情款待；二是在沾益境内，其投宿于当地富户龚起潜家。

不过，与徐霞客的一番交谈，也让龚起潜背负了些许"骂名"。

进入沾益城后，徐霞客来到东门，再次住进龚家。为什么说"再次"呢？因为徐霞客第一次入滇时就住在这里。

徐霞客见龚家大门紧闭，就使劲敲门，开门后才发现，龚家人正在内院看戏。

徐霞客一路风尘，就急忙进到后楼休息，也没有跟龚家人打招呼。第二天下午，徐霞客才见到龚起潜本人。这天是重阳节，秋风送爽。上午，徐霞客躺在房内休息，顺便写一下几天来的游记。下午，龚家备下酒菜，为徐霞客接风洗尘。

　　两天后，徐霞客打算出发，但因为天降大雨，主人再次挽留。当晚，徐霞客跟龚起潜谈起自己考察盘江源的情况，没想到对方说得头头是道，而且有理有据（原文是"谈之甚晰""凿凿可据"）。徐霞客心想："别人已经了解得非常清楚了，我还瞎耽误什么工夫？"他本来想在沾益再好好考察一下北盘江的源头，见对方如此条分缕析，就干脆打算经寻甸直趋昆明。

　　现在很多人都说，徐霞客之所以定错北盘江的源头，也许正是受了龚起潜的错误引导。

知识大串联

峰林学说第一人

徐霞客于崇祯十一年（1638）八月底第二次进入贵州的地方是兴义，这里有著名的万峰林。只见群峰林立，甚是壮观，徐霞客不禁赞叹道："盖此丛蠡怪峰，西南始此，而东北尽于道州，磅礴数千里，为西南奇胜，此又其西南之极也。"徐霞客因为首次描写了峰林胜景，所以被后人誉为"峰林学说第一人"。

趣味小贴士

徐霞客与沾益辣子鸡

相传明朝崇祯年间，徐霞客到云南曲靖沾益珠江源游历，投宿于富户龚起潜家。龚起潜以家传的辣子鸡款待徐霞客，徐霞客食后大加赞赏。其制作技艺后来由龚氏家族世代传承，并逐渐发展壮大。如今，沾益辣子鸡已成为云南省曲靖市的代表性美食。

盘江源头雄伟的雪山

读万卷书　行万里路

36 滇东随想

时间：崇祯十一年（1638）

地点：滇东（云南省东部地区）

主要人物：徐霞客

崇祯十一年（1638）六月至八月，徐霞客在滇东游历期间，除了考察南盘江、北盘江的水脉分布，还深入调查了两件事：一是末代黔国公袭爵的经过，二是发生在云南阿迷州（今开远市）的"普名胜之乱"事件，最终写成《随笔二则》，成为宝贵的历史文献资料。

关于这两件事的思路和素材，应该分别齐备于下面两个时间段：六月中下旬，第一次游昆明期间；七月中下旬和八月，巡游临安府（今建水县）、阿迷州（今开远市）、迷勒州（今弥勒市）、广西府（今泸西县）、师宗州（今师宗县）等滇东地区期间。

本篇所述主要对应《滇游日记一》。

沐氏坐镇昆明，始祖沐英是大明王朝的开国功臣。从沐英的第二个儿子被封"黔国公"开始，"黔国公"就成为世袭罔替的爵位。

我们前面提到坐镇桂林的初代靖江王朱守谦虽然不是朱元璋的直系血脉，但仍属于朱氏子孙，而黔国公则是不折不扣的异姓王（国公虽然只是公爵，但与藩王无异）。

第十一任黔国公沐睿因为犯罪，被除去爵位，其父沐昌祚被封黔国公。

沐昌祚死后，其孙沐启元袭爵，成为第十二任黔国公。故事就从沐启元开始说起。

话说昆明的众儒生前去参加沐昌祚的葬礼时，只因沐府中门大开，一个儒生便抬头往里看了一下，就被沐府的家奴用鞭子抽打。于是，双方起了冲突。众儒生一纸诉状，将沐府家奴告到了朝廷派来的金使者那里。而此时，沐府家奴则怂恿沐启元上疏皇帝，诬告众儒生。

皇帝把诉状下发给监察御史调查、处理，在这当口，耿直的金使者依然下令逮捕了沐府家奴。沐启元恼羞成怒，遂派兵包围了金使者的衙门，并架起大炮恐吓金使者，还拘禁了数十个儒生、擅自对其用刑。金使者一边劝诫儒生们不要采取过激行动,一边将事件的前因后果上奏朝廷。朝廷派人核实情况后,下达了调停的圣旨。

人们没有等来对沐府的惩罚,这让沐启元更加骄纵猖狂。

这时候,沐启元的母亲宋老夫人坐不住了。她担心沐府的狂妄之举惹得天怒人怨,最终被夺去爵位,因为沐启元的父亲沐睿就是前车之鉴。为家族的未来着想,宋老夫人用毒药毒死了自己的儿子沐启元,并上疏朝廷请罪,说儿子抱着悔罪之心而死,孙子年纪尚小,等他长大后再承袭爵位不迟。宋老夫人的这番表态为沐府赢得了皇帝的好感,皇帝敕令她的孙子直接承袭爵位。

这一年是崇祯元年(1628),这位年仅12岁的继承人,正是末代黔国公——沐天波。

另一个故事的主人公名普名胜。普名胜是当时阿迷州世袭的土司,他的先祖从洪武朝开始,就是阿迷州的万户土司。

土司制度是一把双刃剑:好的方面,有助于地方安定;坏的方面,容易使地方势力做大。土司如果效忠于朝廷、治理有方,则能造福百姓;土司如果拥兵自重、作威作福,则尾大不掉,与强盗无异。

因为"改土归流"政策,普氏的势力一度被压制。到了明朝末年,盗贼四起,朝廷又不得不倚重土司,这使得普

氏势力死灰复燃。在普名胜的祖父普者轳、父亲普维藩相继袭任期间，普氏势力迅速壮大，成为雄踞一方的武装势力。

为抑制普氏势力的扩张，地方官采用"以夷制夷"的策略，利用与普氏有世仇的宁州（今华宁县）禄氏土司的势力，一举扫平了普氏势力，并杀死了普者轳、普维藩。于是，出逃后的普名胜，开始积蓄力量，以图复仇。

此时，地方官又怕禄氏土司势力扩张，于是百般庇护、扶植普名胜，并让其继承父辈的土司之职。

普名胜屡建军功，不断蚕食临近土司的土地，他霸占粮田，营建城寨，渐渐威胁到官府的统治。云南巡抚王伉秘密走访后发现，普名胜确实为乱一方，于是上疏朝廷，请求戡乱，皇帝遂命令四川、贵州等地的武装力量联合围剿之。

王伉与普名胜对阵，首战不利，双方进入相持阶段。普名胜于是找人在朝廷内部制造谣言：普名胜实际上并没有叛乱，而是巡抚王伉率先挑起事端以便邀功。为了邀功求赏，王伉不惜陷百姓于水深火热之中。

在此之前，王伉曾上疏朝廷说："普名胜包藏祸心、由来已久，只是前几任官员尸位素餐、养虎为患，才致使形成这样积重难返之局面。"

王伉的这番说辞自然得罪了相关的前任官员，时任吏部尚书的前任巡抚唯恐自己不能解脱，便怂恿兵部尚书。于是，兵部尚书上疏说道："普名胜的地盘还没有一个县大，之所以说他割据一方，不过是巡抚和按察使相互勾结，故意夸大事态，好为自己的作战不力找借口，这样只会白白浪费朝廷的粮饷。"

朝廷后来下令逮捕了身处前线的巡抚和巡按御使，致使兵败如山倒。

如果不是普名胜的一个部下临时倒戈，有效削弱了叛军势力，事态将不断延伸，直至不可收拾。

普名胜病死后，其妻万氏接过叛军大旗。万氏擅长权术谋略，手腕一点儿不比丈夫弱，叛军势力范围因此得以继续扩大。

这时候，朝廷不得不再次用招抚的办法来平定局势。

这一结果，在仁人义士中制造了寒蝉效应：被普氏欺压的百姓、邻司敢怒不敢言；有心平乱的官吏乡绅或被笼络收买，或出于明哲保身、不置一言，否则王伉的结局就是他们的下场。

我们从"普名胜事件"可以看出三个问题：一是明朝积弱已久，积重难返；二是"以夷制夷""以匪制匪"的政策弊大于利；三是上司制度亟待改革。

徐霞客离世四年后，上述两个故事又交织在一起——沐天波被卷入"沙普之乱"，谱写了一曲大明王朝的末世悲歌。

知识大串联

滇东随想

沙普之乱

"沙普之乱"中的"沙"指王弄山副长官沙定洲,"普"指阿迷州土司普名胜。普名胜叛乱发生在明崇祯四年(1631),沙定洲叛乱发生在清顺治二年(1645)。因为两次叛乱之间颇有渊源,后世合称之为"沙普之乱"。徐霞客于明崇祯十四年(1641)去世,故只知有普名胜之乱,而不知有沙定洲之乱。

普名胜之乱的经过,见徐霞客所述,这里补充介绍一下沙定洲之乱。

话说普名胜死后,其妻万氏改嫁沙定洲,两股势力合二为一、迅速壮大,继续为祸滇东南。1645年,武定土司吾必奎趁明亡之际发动叛乱,率先对昆明沐府发难。沐天波迅速调集沙定洲等土司势力平叛。叛乱平定后,沙定洲势力仍盘踞在昆明,随后其又发动了一场针对沐府的政变,并试图控制云南的局面。直到后来,以张献忠部下孙可望为首的大西军攻入云南,沙定洲势力才被彻底荡平,时为清顺治五年(1648)。

趣味小贴士

末代黔国公的后续故事

沐天波召集沙定洲等土司军平定吾必奎叛乱后，并没有对沙定洲产生怀疑，而是多次将其请入沐府，设宴款待。沙定洲和万彩云夫妇本就包藏祸心，见到沐府的大量财富，更是分外眼红。于是，某一日此二人以告别为名，率兵攻入沐府，同时派兵占领昆明各城门。因事出突然，沐天波未能进行有效抵抗，只得携带印信和少量亲信仓皇出逃。

孙可望平定沙定洲叛乱后，向南明朝廷邀封，并将沐天波迎回昆明。

后来，大西军二号人物李定国迎接南明皇帝进入昆明，沐天波成为皇帝的重臣。与李定国有矛盾的孙可望投降清军。

清顺治十五年（1658），清军进入昆明，沐天波追随南明皇帝流亡缅甸。因流亡政府与缅甸方面的关系不断恶化，沐天波在一次被围时为保护皇帝，夺刀与缅兵拼杀，终因寡不敌众，以身殉国。

读万卷书 行万里路

37 两进昆明

时间：崇祯十一年（1638）

地点：昆明（云南省昆明市）

主要人物：徐霞客

崇祯十一年（1638）八月二十九日，徐霞客从贵州黄草坝再次进入云南境内，宿碧峒（今笔冲，属富源县）。九月初一，徐霞客从碧峒启程，向西经富源南境、曲靖、沾益、寻甸、嵩明，于十月初一第二次到达昆明。

本篇所述主要对应《滇游日记一》《滇游日记四》。

我们在前面曾提到，徐霞客最初进入云南两个多月的游记后来被大火烧毁了，因此他第一次进入昆明的具体时间无法确定。不过，综合各种已知信息，我们可以推断出，他应该是在六月中旬之后到达的昆明，停留约十天或半个月，之后继续南下。

第一次进入昆明后，徐霞客乘船渡过滇池，仔仔细细地游览了西山，写下了关于西山名胜最全面的游记。

出昆明城，往西南走两里，然后上船，水道两岸全是农田。行舟十里，没有了农田，水泽中全是芦苇。船穿行

在芦苇中，让人感觉不到滇池之大。

遥望西山，陡峻的崖壁排空而立，高处正是罗汉寺（今三清阁）。

再向西行舟十五里，在高峣上岸。西山南、北两端都向东延伸，唯独中段向西边凹进去，高峣正在中段向西凹进去之处。也就是说，从高峣往北，进耳山一脉自西南向东北绵延而去；从高峣往南，杨太史祠（今升庵祠）至罗汉寺，山脉呈西北—东南走向；两者正好汇聚于高峣。

这里有几百户人家依山傍水而居，通往滇西的大路从此经过，高峣实际上是水陆码头——当时的滇池面积很大，向东远至弥勒寺，必须乘船前往。

在杨太史祠吃过饭后，徐霞客来到半山腰的华亭寺。华亭寺面东而立，后面紧靠险峰，前方正是草海。这里所说的杨太史祠是为纪念杨升庵而建的祠堂。关于杨升庵的事迹，我们在后文详述。

向南翻岭越沟，见壑谷中有一座寺院，名叫"太平寺"（今已无）。

再往南走一里，就是太华寺。太华寺也是面东而立，殿前石阶两旁全是山茶花树，南边的一棵尤其高大。

在此处向东俯瞰滇池，视野仍不开阔，只能看见草海。要想观赏滇池浩浩荡荡的景观，还得走到南边尽头的罗汉寺。

出太华寺南门，向东南方向走去，只见南边的山崖上上下下，像蜂房燕窝一样，罗汉寺的北庵和南庵，建筑层层叠叠，像是马上要坠落下来的样子。从罗汉寺北庵往南下走，是罗汉寺正殿（出于安全考虑，南庵和正殿已逐渐荒废，今仅剩北庵，即三清阁）；往南上走，是架在断崖之上的朝天桥，灵官殿在桥南。来到灵官殿东侧，越往上走，建筑越奇异，时而是楼，时而是殿，时而是阁，时而是宫，全都面东而立，建在危崖之上。各处殿宇都不大，

但与白云崖石相掩映，煞是好看。

这里地势开阔，可以将滇池的胜景一览无余。

以上就是罗汉寺北庵的景致。返回来下到朝天桥，拜谒罗汉寺正殿。之后再往南，依次是雷神庙、三佛殿、寿佛殿、关帝殿、张仙祠、真武宫。真武宫之上，是梁王避暑台。再往南，寺庵已尽而山崖未尽，绝壁之下，是猗兰阁旧址。

返回罗汉寺正殿，出山门往东下山，转过八道弯（如今此路有上千级石阶，人们称之为"千步崖"），抵达山麓山邑村，那里的村民以捕鱼为生。

出村再往南走，就是金线泉。泉水经过三个洞口，从西山中流出，分别流入滇池。滇池里有一种金线鱼，鱼身最长的地方不超过四寸（我国民间的长度计量单位，一寸约为三厘米），中段多脂肪，首尾之间有一缕金线一样的丝，故称"金线鱼"。其逆流进入泉中，是此中的美味。

徐霞客在游金线泉北边的一个岩洞时，没有进到洞

底，因为担心火把不够用，就提前出洞来。

之后徐霞客返回山上，到罗汉寺北庵附近打听黑龙池，才知道黑龙池就在绝顶附近，正好可以一起游览。可难的是，去往绝顶没有路，只能通过攀岩。在山顶踩着刀刃样的岩石往南走，不久便来到绝顶——今天的美女峰。从绝顶往东下行二里，正好在金线泉的上方。徐霞客在山崖间观赏了一番黑龙池，然后下山。

除了游览滇池和西山，徐霞客还留意到昆明的三种花木：山茶花、杜鹃花、花红。徐霞客在家乡所吃到的花红并不是红色，故疑心果实的颜色和名字并不相符，直到这次在昆明见到红艳艳的果实，才发现确为名副其实。此外，徐霞客还发现山茶花大的可以超过碗，杜鹃花朵可以有五种颜色，都非常罕见。

如今的昆明，有三个地方值得游览：西山风景区、滇池旅游度假区、世界园艺博览园而。这三处正好对应徐霞客的关注点：西山、滇池、滇中花木。

知识大串联

"徐学"研究

因为《徐霞客游记》包罗万象，因此关于徐霞客及其游记的研究也被正式确立成为一门学问，即"徐学"。梁启超、鲁迅、毛泽东等都非常推崇徐霞客，后来的丁文江、竺可桢等人则进一步将相关研究推上了学术研究的轨道。

趣味小贴士

昆明西山附近有一个学校跟徐霞客息息相关，你听说过吗？

徐霞客游昆明西山时所登陆的地方叫"高峣"，如今这里有一所小学，叫"西山区碧鸡徐霞客中心学校"，是全国第一个以"徐霞客"命名的学校。它的前身为西山区高峣小学，再往前追溯，这所小学就在曾经的杨太史祠附近。

原文赏析

【原文节选】

　　余辄①从危崖历隙上,壁虽峭,石缝多棱,悬跃无不如意。壁纹琼葩瑶茎,千容万变,皆目所未收。素习者惟牡丹,枝叶离披,布满石隙,为此地绝遘②,乃结子垂垂,外绿中红,又余地所未见。

【注释】

　　①辄:就。②绝遘(gòu):绝难遇见。遘,遇见。

【参考译文】

　　于是,我顺着陡峭的崖壁,踩着裂隙往上爬,崖壁虽然陡峭,但石缝间棱角很多,悬空着往上跃,非常顺利自如。崖壁的缝隙中,满是琼花玉茎般的花草,千般姿容,万种变化,都是我之前没见过的。我平素熟悉的只有牡丹,其枝叶扶疏离乱,布满石缝间,在这里是绝难遇见的,而这里的牡丹竟然结籽下垂着,外边是绿色,中间是红色,也是在我的家乡见不到的。

读万卷书　行万里路

38

遍访名士

时间：崇祯十一年（1638）

地点：昆明（云南省昆明市）

主要人物：徐霞客

崇祯十一年（1638）十月初一，徐霞客第二次来到昆明；十一月十一日，离昆明界，抵达武定府（今武定县），后向西游元谋。

　　其间，从十月初四起，徐霞客离昆明城游晋宁、安宁，于十月二十九日返昆明城；再于十一月初七出城游西郊，十一月初十宿于富民县西北小甸堡，这是其在昆明境内的最后一站。

　　本篇所述主要对应《滇游日记四》。

　　徐霞客在昆明结识了很多朋友，这些朋友给予了他很多的帮助。与此同时，朋友相交也影响了他之后的行程安排。

　　在介绍这些朋友之前，我们先来认识一下他在老家的一位故友——陈继儒。"万里遐征"之始，徐霞客曾专门绕道上海佘山去跟陈继儒告别。相传陈继儒远远望见有客人来，还赶紧跑开躲避，后来见是徐霞客，才又跑过来拉他

进入树林，一直饮酒至深夜。

陈继儒是一名隐士，虽出身寒微，但屡次拒绝征召，一生甘于清贫。其因为才华盖世，所以交友广阔，被誉为"山中宰相"。想要跟陈继儒交朋友的人中，大概既有名人雅士，也有品质低劣的人，所以陈继儒习惯了见人就躲。

徐霞客在旅行途中结交的很多朋友，大都是陈继儒介绍的，其中就包括昆明的唐泰。陈继儒不仅写了介绍信，让徐霞客随身携带，还专门去信给唐泰，让他好好照顾徐霞客：

良友徐霞客，足迹遍天下，今来访鸡足并大来先生。此无求于平原君者，幸善视之。

唐泰是晋宁（今昆明市晋宁区）人，出生于名门大户，据说祖上是一代做官，下一代隐居，再下一代做官，下下一代隐居。唐泰的爷爷虽然中了解元，但没有做官。唐泰

虽然被选为贡生，但辞不受选，其理由是要回家侍奉母亲。唐泰的诗文、书法和绘画都达到了很高的境界，以"诗书画三绝"闻名于世，徐霞客称他是"滇南一人"。

唐泰家境并不富裕，但却送给徐霞客数十两银子。而这也是徐霞客西行途中获赠的最大数额的礼金。仅因为朋友的嘱托，而把朋友的朋友当成自己的朋友，其品行可谓高洁。

徐霞客在唐家停留了二十多天，两人互有赠诗。唐泰有诗云"知君足下无知己，除却青山只有吾"，显然自认为是徐霞客唯一的知己。这种说法并非言过其实。唐泰年轻时也曾遍游名山大川，所以深谙徐霞客的志趣所在。

徐霞客在昆明期间的另一个朋友是吴方生。由于第一次进昆明后的日记散失，如今已无法获悉吴方生的具体情况，只大略知道吴方生是江苏宜兴人，跟徐霞客是同乡。

徐霞客在昆明期间，吴方生热情招待，出钱出力，给予了他很大的支持。

徐霞客对吴方生的品行学识评价极高，称"其人天子不能杀，死生不能动，有文有武，学行俱全，此亦不可失者"。

临行前，吴方生还为徐霞客写了好多介绍信，有写给保山潘氏父子的，有写给腾越州（今腾冲市）潘秀才的，还有辗转写给保山和宾川一些官员的。

对于吴方生的热情和诚意，徐霞客也非常感动，他在日记中写道："他想尽办法为我考虑，远胜于为自己考虑。"

徐霞客日后在丽江与土司木增品评人物时，除了推荐自认为唯一的完人黄道周，第二个推荐的就是吴方生。

除了唐泰和吴方生，徐霞客还有一个朋友的"出镜率"也相当高，他就是晋宁知州唐玄鹤。如果说唐泰是徐霞客精神上的知己，那么唐玄鹤就是他生活上可以依傍的朋友。唐玄鹤不仅安排徐霞客住在州署下道（可能是州衙招待所），早晚嘘寒问暖，隔三岔五送棉被、衣物，还时常邀朋友来看望。除了宴请，唐玄鹤还为他安排歌舞表演，陪他在住所里下棋……真是关怀备至，非常熨帖。此外，唐玄鹤还给保山闪家写信，托他们照顾徐霞客。

在跟唐玄鹤会面时，徐霞客见到一位姓赵的儒学教师，是陆凉州（今陆良县）人。徐霞客就向他打探道："你们陆凉州是不是有一个叫何巢阿的人？"那位教师答道："陆凉没有这样的人，浪穹县（今洱源县）倒是有一个叫何巢阿的，不知道你说的是不是这位。我凑巧跟他在浙江一起做过官，关系还不错。"

正是赵姓教师的这番话，使得徐霞客日后绕道洱源并去了大理。

徐霞客还有一个朋友叫阮玉湾，正是他推荐徐霞客出游缅甸并推荐了导游，也才有了后来的保山、腾冲之旅。

徐霞客还有周恭先、张石夫、马云客、阮仁吾、阮穆声、金公趾、黄沂水等其他朋友，他们或互为亲友，或为彼此认识而相互介绍的其他人，也将在徐霞客接下来的旅程中悉数登场。

可以说，所有故事的源头，正是陈继儒。

陈继儒于1639年去世，那一年，徐霞客正在滇西游历。

知识大串联

唐泰是谁？

文中所提到的唐泰，是明末清初的禅师画家，书法家董其昌的弟子，诗、书、画并称"三绝"。唐泰摈弃仕途，一心向佛，徐霞客在昆明时称其为"隐士"。明朝灭亡后，其于祥云县水目山正式剃度出家，号担当，后转至鸡足山修行，最终在大理感通寺圆寂。徐霞客曾因为唐泰子嗣不旺而叹息，但唐泰在徐霞客过世后又活了三十多年。

趣味小贴士

徐霞客的好友陈继儒也有一本传世之作，你知道是什么吗？

陈继儒除了有书画作品传世外，还编写了很多关于修身处世的格言书，其中最有名的是《小窗幽记》，与同时代的《菜根谭》和后世的《围炉夜话》并称"处世三大奇书"。

石林风光

读万卷书　行万里路

③

鸡足山的故事

时间：崇祯十一年（1638）

地点：鸡足山（云南省宾川县）

主要人物：徐霞客

崇祯十一年（1638）十二月初六，徐霞客离开元谋县城，往西到大姚，折往南到姚安，再往西南到洱海卫（今祥云县）；后折向北，过宾川县，于十二月二十二日到达鸡足山，宿大觉寺、悉檀寺等。崇祯十二年（1639）正月二十二日，应丽江土司木增邀请，徐霞客离开鸡足山赴丽江。

本篇所述主要对应《滇游日记五》《滇游日记六》。

鸡足山位于云南省宾川县境内，西边毗邻大理、洱源，北边靠近鹤庆，是佛教名山，明清时山上寺庵众多，常驻僧尼数千人。徐霞客来到鸡足山的时候，正是其鼎盛时期。

鸡足山南边山脉分立为三，向西北方向延伸，山后拖着一道长长的山岭。俯瞰此山，山体很像一只鸡爪子，故名"鸡足山"或"鸡山"。

十二月二十二日，徐霞客经过鸡足山南边的沙址村（今属鸡足山镇），向北进入峡谷，来到山门下。这里有一个

牌坊，上面题有"灵山一会"四个字。

徐霞客上山后，当晚在大觉寺住宿。

十二月二十四日，徐霞客开始跟进静闻骸骨下葬事宜。

在昆明唐泰家里，徐霞客曾见到鸡足山悉檀寺的两名和尚，当时他已经跟他们商讨过埋葬静闻骸骨的事。

没想到两名和尚提前回山后，早已安排开工，那时正在建塔。他们带徐霞客去看了施工现场，徐霞客对选址非常满意。

建好塔心之后，众人选了一个良辰吉日，正式将静闻的骸骨下葬。而不久前圆寂的本无禅师，生前已为静闻写好碑记，只等刻字立碑。

完成所托，徐霞客终于可以告慰静闻了。

在鸡足山停留期间，徐霞客还见到很多奇异的人和奇怪的事，比如下面将要讲到的两位法师。

因为山上地势极高，无法引水，故而寺里僧人用水就成了难题。相传白云法师因为修行极高且能通达神明，有一天居然在佛龛后的岩石中凿出了泉水。

还有碧云寺的一名法师，因其修行极高，慕名而来的男男女女挤成一片，却找不到法师。唯独徐霞客发现法师坐在一个角落里洗脚，于是他就去向法师施礼。法师见到徐霞客，一把抓住他，高声说道："同声相应，同气相求。"法师手里拿着没来得及穿的袜子，指向自己的胸口说："为了这里（指修心），我非常忙，袜子二十年都没顾得上洗。"言语间颇有禅机。

当然，并不是所有的僧人都有这么高的修为。山顶当时正在修迦叶殿、铜殿，涉及两位法师的管辖范围，他们因此还陷入了地盘之争。徐霞客认为两个人气量都太小。

徐霞客还见到了喷泉。大觉寺中有一座水池，池中放

着一个石盆，盆中插着一根管子。水从管子中喷出，射入空中，水柱高达三丈（一丈约为三米），随风飞洒，散落成细密的水雾。

徐霞客心想，池水不可能自行向上喷涌，那附近一定还有一个地势更高的水源。一问他才知道，水源正在一处三丈多高的山崖上，而接水的管子被埋在地下，一直埋到水池里。但凡管子有一点破裂，水柱都不可能喷这么高。

徐霞客还想到，自己在南京曾见过一家店铺的水盆，其中也有类似的装置，只不过水柱较矮，水柱上端还有一个圆珠子随着水柱不断翻滚。

现如今，人们发明了很多给水增压的机械，喷泉也并不稀奇，但在徐霞客所在的时代，通过落差来制造喷泉，却是一项巧思。

与此同时，徐霞客还见到了引水装置。为了将水从东峰引向西峰，僧人就在两峰之间的凹地中竖起一个个连成排的木柱，柱头间横放着一根根剖开的竹子，竹子再前后连接成水槽，正好可以用来过水。

此外，徐霞客还享用了山上的很多特产，如松实、山参、孩儿参、桂子、海棠子、龙眼、荔枝、鸡㙡、白生、石蜜等。有些至今仍是云南的特产。

....

徐霞客在此期间的所有行踪，都在一个人的掌握之中，这个人就是丽江土司——木增。

徐霞客每次到达或离开鸡足山，都会有木府的特使或山上的僧人往来通报，因为木府跟鸡足山各个寺庙的关系都很好。

很快，木府的使者带着请帖来到山上，徐霞客的第一次鸡足山之旅就要结束了，他接下来要去的是丽江。

知识大串联

鸡足山"四观"

徐霞客前后两次在鸡足山停留，时间加起来长达半年之久，他对鸡足山顶峰的风光进行了高度概括：东观日出，西望洱海，北眺雪山，南瞰乱云。他认为，一个地方仅有"四观"之一，就已经相当神奇，而鸡足山集齐了"四观"，可谓海内之冠。

关于"四观"，徐霞客曾有组诗流传下来，分别为《日观》《雪观》《海观》《云观》。现如今，鸡足山旅游资源的开发，也大多以徐霞客的总结为依据。

趣味小贴士

徐霞客的手迹，我们现在还能看到吗？

徐霞客生前虽然写有两百多万字的手稿，还有众多诗词和书信等，但现在留存于世的手迹大概仅有写给鸡足山妙行和尚的一页诗稿《赠鸡足山僧妙行七律二首》，现藏于云南省博物馆。

原文赏析

【原文节选】

　　余见阁东有台颇幽，独探之。一老僧方濯①足其上，余心知为师也，拱而待之。师即跃而起，把臂呼："同声相应，同气相求。"且诠解②之。手持二袜未穿，且指其胸曰："余为此中忙甚，袜垢二十年未涤。"方持袜示余，而男妇闻声涌至，膜拜不休，台小莫容，则分番迭换。

【注释】

　　①濯：洗。②诠解：详细解释，阐明事理。

【参考译文】

　　我看见阁东有一个高台很幽静，就独自去探看。一位老和尚正在台上洗脚，我心想肯定就是法师了，于是拱手站在一旁等待。法师立即一跃而起，拉着我的手臂高声喊道："同声相应，同气相求。"并且详细解释了这句话。他手里拿着两只袜子没有穿，并指着自己的胸口说："我为了这里面非常忙碌，袜子上的污垢二十年都没有洗过。"他正要把袜子拿给我看时，那些男男女女都闻声涌来，不停地顶礼膜拜，高台太小容纳不下这么多人，就分批轮换着来。

读万卷书　行万里路

40 木增的友谊

时间：崇祯十二年（1639）
地点：丽江（云南省丽江市）
主要人物：徐霞客

崇祯十二年（1639）正月二十二日，徐霞客应丽江土司木增的邀请，离开鸡足山，向北经鹤庆，于正月二十五日抵达丽江。

二月十一日，徐霞客离开丽江南下，过鹤庆，后折向西，过剑川前往浪穹（今洱源县）。

本篇所述主要对应《滇游日记六》《滇游日记七》。

木氏土司是明清两代云南地区纳西族的地方首领，木增的八世祖阿甲阿得因归顺大明王朝，被朱元璋赐"木"姓，也就是有名的土司木得。木氏土司积极吸收汉文化，以"知诗书好礼守义"著称，木增更是其中的佼佼者。

木增非常仰慕中原地区的儒家文化，也善于结交儒家知识分子。正是由于陈继儒的介绍，木增才得以认识徐霞客。知道徐霞客落脚鸡足山后，木增急于见面，还专门派通事前去迎接徐霞客。所谓"通事"，就是现在所说的翻译人员。徐霞客还提到，丽江这个地方，只有"木""和"

两姓，当官的姓"木"，百姓姓"和"。这个通事自然姓"和"。通事的父亲以囤积外国货作为职业，也就是人们现在所说的"开展国际贸易"。看来父子二人也许不光懂得汉语和纳西语，还懂得缅甸语等。

进入丽江后，徐霞客被安排在玉龙雪山南麓的解脱林居住，这里是土司的别墅。

木增的第一次接见，显得殷勤备至：他将徐霞客迎入内室，作揖行礼，互相致意；邀徐霞客坐在上座，自己则坐在下座；叙谈很久，茶过三巡，又亲自将徐霞客送出门外。

木增的第一次宴请，更是排场十足：地上铺着松毛；桌上"大肴八十品"，俨然是木府版的"**满汉全席**"。他不仅赠送了徐霞客很多财物，还赏赐了陪宴的书生以及一众差役。

满汉全席

"满汉全席"兴起于清代，是集满族与汉族菜点之精华而形成的大宴。这里用来形容宴席菜肴的丰盛。

此后款待照旧，可谓三天一小宴、五天一大宴，并且每次都有各种珍宝和财物相赠。

徐霞客之所以详细记下两人交往的细节，是因为他感受到了木增的真诚。

不过，两人之所以能结下深厚友谊，不全是因为木增的盛情款待、慷慨馈赠，更重要的是，两人在诗词文章方面能够惺惺相惜。要知道，木增也是明代杰出的诗人、散文家和书法家。

遇到徐霞客这样一位杰出的儒家知识分子，木增自然不想轻易错过。他请求徐霞客帮自己的诗文集《云薖淡墨》作序，并帮忙整理和编校书稿。徐霞客也非常上心，连夜挑灯苦战，用了两天两夜，终于完成。木增自然少不了赠礼致谢。

此外，木增还亲自写信，请求徐霞客帮他修纂《鸡足山志》，并顺带帮他的儿子修改文章。徐霞客也一并答应。

这两件事，一件是公事，一件是私事，象征着徐、木两人的交往既是私人友谊，也关乎民族团结和文化交融。

三百多年后，在徐、木两家后人的倡议下，江阴和丽江结为友好城市，两市也分别有一尊徐霞客和木增的塑像。

除了解脱林，木增另有府邸，即今天丽江的景点之一——木府。

如今木府门前的墙上，仍刻着徐霞客游记中的一句

话"宫室之丽，拟于王者"。有人认为，这是徐霞客游览木府后所发出的赞叹。其实，他自始至终都没迈入木府，这八个字只是他远眺木府的印象。

一些人认为，这是因为木府内多有僭越规制的建筑，所以故意不让徐霞客进入，担心僭制之举被徐霞客发现并宣扬出去。这也许是想多了。徐霞客曾在日记中明确写道："闻其内楼阁极盛，多僭制，故不于此见客云。"可见，随着历代土司对中原文化的日渐熟悉，木氏已经认识到"僭制"的严重性，故对木府弃而不用。徐霞客尚且能听到这种说法，可见木增并没有试图遮掩。

徐霞客曾多次提请北上考察，都被木增拒绝。有人说，这是因为木增在北面建有重要的军事设置，担心被徐霞客刺探消息。这恐怕也是想多了。木增给出的理由应该是真诚的，即当时民族矛盾比较突出，北上恐有危险。

知识大串联

《世界遗产名录》中的"丽江古城"

1997年12月，丽江古城成功入选世界文化遗产，被列入《世界遗产名录》。这里所说的"丽江古城"包括大研古镇、束河古镇、白沙古镇三部分，自然也包括木府。

趣味小贴士

"土司"究竟是什么官？

"土司"又称"土官"。土司制度是南宋、元、明、清时期的封建王朝为有效管理少数民族地区，直接委任其原有部落首领作为地方官员的制度。土司可以世袭，前提是要效忠朝廷。土司制度主要用于西北、西南、中南等地区。

与"土官"相对应的是"流官"，流官由朝廷直接委派，流动任职，往往需要回避出生地。由于土司制度的弊端逐渐显现（徐霞客就曾提出土司制度不利于政权稳定），明朝开始部分推行"改土归流"。

原文赏析

【原文节选】

　　其峡乃坠水枯涧，巨石磊磊，而叠磴因①之，中无滴沥，东西两崖，壁夹骈凑②，石骨棱棱，密翳③蒙蔽，路缘④其中，白日为冷。二里余，有巨石突涧道⑤中，若鹢⑥首之浮空，又若蹲狮之当户⑦。由其右崖横陟其上，遂循左崖上，其峻束愈甚。

【注释】

　　①因：顺着。②骈凑：相对而立。③翳：遮盖。④缘：沿着，延伸。⑤涧道：山涧道路。⑥鹢（yì）：一种能高飞的水鸟。⑦当户：对着门口。

【参考译文】

　　这个峡谷是泄水的干枯山涧，其中巨石磊磊，而层层台阶顺着地势延伸，山涧中没有一滴水，东西两面的山崖，像两面墙壁一样凑拢对峙，骨头一样的岩石棱角分明，把峡谷遮挡得严严实实，道路顺着峡谷延伸出去，即使是白天也感到冷。走二里多地，有突起的巨石立在山涧的道路中，像鹢鸟的头飘在空中，又像石狮蹲在大门口。从巨石右边的崖壁爬到巨石之上，然后顺着左边的崖壁向上，那路更加险峻、窄得厉害。

位于云南省丽江市北的玉龙雪山

读万卷书　行万里路

㊶

洱源真桃源

时间：崇祯十二年（1639）

地点：洱源（云南省洱源县）

主要人物：徐霞客

徐霞客于崇祯十二年（1639）二月十八日抵达洱源（今洱源县）县城，三月初九离洱源县城，历时二十多天，其中三月初一至初八游凤羽。

本篇所述主要对应《滇游日记七》《滇游日记八》。

辞别丽江后，徐霞客向南到达鹤庆，又向西到达剑川。这时候，一名和尚告诉他，从这里往西再往南，经过云龙州（今云龙县）去往保山，非常便捷。徐霞客很是心动，但转念一想，他要去洱源见何巢阿，还要去大理看看。于是，他放弃了西线，而是直接南下，于二月十八日来到洱源县城。

徐霞客为什么心心念念要见何巢阿，甚至不惜迂回到洱源县城呢？

原来，何巢阿在浙江做官时，跟徐霞客的好友陈继儒交往甚厚。他听说徐霞客的事迹后，在给陈继儒的信中写道："死愧王紫芝，生愧徐霞客。"意思是说：自己若死

了，比不过王紫芝（江南著名的旅行家），而活着的时候，也不如徐霞客。徐霞客当然听过何巢阿对自己的这句赞美诗。试想一下：当听说有人在背后赞美你的时候，你有何感想？也许会有一丝惭愧，但更多的应是引对方为知己吧！更何况，何巢阿的诗艺也是备受推崇的。

可以说，两个人虽然一直没见面，但神交已久。

二月十八日，刚过中午，徐霞客安放好行李后，就赶紧进城去拜见何巢阿。何巢阿见是徐霞客来了，立马抓着他的手臂把他迎进家门。两个人相见恨晚，一直饮酒到天黑，然后何巢阿让自己的大儿子送徐霞客回护明寺中住宿。

二月十九日，何巢阿在自己家中宴请徐霞客。饭后，他找了两条船，拉着他的四个儿子，都来陪徐霞客游茈（zǐ）碧湖。船夫不是划桨，而是撑篙。湖心有岛，何巢阿准备在这里盖亭台楼阁。从茈碧湖可以直接驶入洱源海，茈碧湖在南，洱源海在北，中间有狭窄水道相连，就像一个葫芦。洱源海并不是海而是湖，这里的人称大的湖为"海"或"海子"。现在的茈碧湖并没有两个湖，可见300多年后，湖的面积缩小了不少。根据徐霞客的描述，当时的洱源海应该是现在的茈碧湖，而当时的茈碧湖已经消失，大概就是现在大理地热国景区所在的位置。

何巢阿说，他从别人那里买到一块石碑，是从山上挖出来的，上面刻着杨升庵的诗词。他打算在这里建一个亭子，把石碑立在亭子里。

一行人在海子西南上岸后，在护明寺中吃饭，下午继续泛舟游湖。晚上，徐霞客回文庙西厢房过夜。

二月二十日，何巢阿有事外出，他的两个儿子陪徐霞客出游。众人去了九炁（qì）台（今九气台），本来打算泡个温泉，但见浴池是露天的，而且沐浴的人很多，徐霞客有些不好意思，就改为小酌和弹琴。中午，徐霞客还在九炁台尝到了用温泉水煮的鸡蛋。

此后多日，徐霞客出游，都有何家人作陪，其间免不了诗酒唱和。何巢阿还曾把自己所收藏的黄山谷的真迹和杨升庵的手卷给徐霞客看。

黄山谷就是北宋著名的书法家黄庭坚，杨升庵我们在前文提到过。为什么何家的收藏品多与杨升庵有关？等到了大理之后，你就慢慢会明白。

洱源真桃源

在何巢阿的极力推荐下,徐霞客还去了凤羽游玩。

何巢阿的朋友中有一位指挥使叫吕梦熊,曾在席间陪坐。其女婿正是凤羽的土司尹忠,可以为徐霞客提供便利。

尹忠带徐霞客游了凤羽山(今罗坪山)。据说每年九月,成千上万只候鸟都会聚集到此山坪中。人们只要举着火把,鸟就会蜂拥而至。这就是有名的"凤山鸟会"。

尹忠还命人带徐霞客游了清源洞和铁甲场。在铁甲场的时候,当地居民用钩藤酒、孩儿茶来招待徐霞客。孩儿茶即儿茶,又称"黑儿茶",是云南的一种特色茶,如今还留存在傣族同胞的日常生活中,钩藤酒则已不多见。清明节那天,尹忠还带徐霞客观看了当地的祭扫仪式。吕梦熊带徐霞客再游清源洞的时候,还一起观看了傣族舞蹈表演。

可以说,徐霞客在洱源县城度过了一段轻松愉悦的时光,他对凤羽的评价也非常高:古代的朱陈村、桃花源都已逐渐衰落、消失,而这里却还留存着一片古朴的山区腹地,真是一大奇事!

他认为这里的人情和美、风景秀丽，堪称世外桃源。

如今，凤羽古镇的入口处就有徐霞客的塑像，凝固着这位"游圣"与凤羽古镇惊艳相逢的短暂时光。

不过，天下没有不散的筵席。何巢阿本来要跟徐霞客一起去大理，等了几天不见他回来，就先出发了。徐霞客回到洱源县城时，何巢阿刚出发一天。徐霞客于是辞别吕梦熊和何家人，出了洱源县城，在一位刘姓书生的陪同下游洱源西湖，后过邓川驿（今邓川镇）出洱源界，当晚抵达沙坪（当时属洱源县），这里已经是大理地界。这一天是三月初十。

三月初九，有一个人名再次出现：刘姓书生将自己收藏的杨升庵的《二十四气歌》拿给徐霞客观摩。杨升庵在云南的"出镜率"如此之高，一定值得了解一下。我们大理见。

知识大串联

温泉蛋

徐霞客在九炁台吃到的煮蛋，就是当地有名的温泉蛋，也叫"气璜蛋"。蛋黄、蛋白不凝，口感爽滑，比水煮蛋好吃很多。现在当地的大多数商家都以徐霞客为噱头来推销这道美食。

洱源真桃源

趣味小贴士

为什么有的地方把"湖"称为"海"？

云南境内的几个大湖都被称作"海"，比如洱海、亮海（泸沽湖）、程海、草海、拉市海、碧塔海……有一种说法是，云南最早的居民是彝族，在彝语里，湖、水塘叫"海子"，所以昆明有干海子、海埂、清水海……云南古称"滇"，所以滇池以前叫"滇海"。而其他地方也有将湖泊以"海"命名的，比如北京的什刹海、北海等。据说是以前蒙古族进入中原后见水很珍惜，便将稍大一点的水域称为"海"。

原文赏析

【原文节选】

　　乃遵①堤西行，极似明圣苏堤，虽无六桥花柳，而四山环翠，中阜②弄珠，又西子之所不能及也。湖中鱼舫泛泛，茸草新蒲，点琼飞翠，有不尽苍茫、无边潋滟之意，湖名"茈碧"，有以③也。

【注释】

　　①遵：沿着。②阜：小土山。③有以：是有原因的，这里可理解为"名副其实"。

【参考译文】

　　于是沿着湖堤向西走，堤与西湖的苏堤酷似，虽然没有六桥花柳，但是周围青山环翠，湖中的小土山像是珠串一般逗弄人，是西湖无法比拟的。湖中渔船漂荡，茸茸的水草，新长出的蒲草，琼玉点缀，翠色飞舞，呈现出一片苍茫无边、无比绮丽的意境。湖的名字为"茈碧"，果真是有原因的啊！

读万卷书　行万里路

㊷

苍山洱海间

时间：崇祯十二年（1639）

地点：大理（云南省大理市）

主要人物：徐霞客

崇祯十二年（1639）三月初九，徐霞客离开洱源县城，往南经邓川（今洱源县南部）赴大理，一路游玩，于三月十三日进大理城；又于三月二十日离开大理，过下关，往西经漾濞、永平，二十八日抵达平坡，进入永昌府（今保山市）境。

本篇所述主要对应《滇游日记八》。

大理是镶嵌在云南西部的一颗明珠，那里不仅风光秀丽，而且自古以来就是我国少数民族尤其是白族的聚居地，民风淳朴，人文荟萃。

徐霞客游历滇西时所经过的祥云、宾川、鹤庆、剑川、洱源等地都归大理管辖，但我们这一篇所说的"大理"，主要是指大理市及其郊区。

三月十一日，徐霞客由沙坪南下，经龙首关来到蛱蝶泉。一泓泉水边有一棵大合欢树，合欢开花时节，非常像

蝴蝶，"触须"和"翅膀"栩栩如生，与活蝴蝶没有不同之处。又有成千上万只真蝴蝶也会落在树上，触须勾连、腿部相勾，从树梢倒悬而下一直垂到水面，五彩缤纷，十分壮观。遗憾的是，这个时节，合欢树还没有开花。此前在龙首关，徐霞客正好错过十里香（应为木莲花）的花期。于是他感叹道："然龙首南北相距不出数里，有此二奇葩，一恨于已落，一恨于未蕊，皆不过一月而各不相遇。"

当日，徐霞客游完古佛洞，到达崇圣寺（亦即三塔寺），与先期到达的何巢阿父子会合。

时值夜晚，徐、何二人走出寺来，徘徊塔下，但见松荫塔影出现在雪光月色之间，令人心神宁静。

崇圣寺始建于唐朝，当时属于南诏国。到了宋代的大理国，崇圣寺成为皇家寺院。崇圣寺内的建筑，大多经过重建，只有三座塔，一直保留至今。三座塔高低不一，分布错落有致，屹立千年不倒，成为大理的象征。

三月十二日，何巢阿父子与两名僧人陪同徐霞客游苍山清碧溪。清碧溪有三个水潭，颜色不一，非常神奇。在水潭戏水时，见众人已经走远，徐霞客就在水潭上方找路，没想到石头非常光滑，一下子被流水冲进深潭中，潭水没过脖子。徐霞客急忙跃出水面，跳上岸来，坐在石头上拧干衣服里的水，后又在阳光下把衣服晾在岩石上。这种经历对徐霞客是家常便饭，但却吓坏了其他人。

徐霞客还想看完另外两个水潭，然后登上积雪的山峰。其他人跟也不敢跟，劝又劝不住，只得先行下山。下山后，徐霞客又与何氏父子在感通寺会合。

感通寺与前文所提到的杨升庵有着密切联系。

杨升庵，名杨慎，是明代第一才子，大学士之子，状元及第。因在"大礼议"事件中触怒嘉靖皇帝，被庭杖两次，几欲毙命，复苏后被发配云南。因此，在云南保山、昆明、大理等地，都有杨升庵的遗踪。

嘉靖九年（1530），被贬六年后的杨升庵与大理籍儒士李元阳一起来到感通寺。

他们夜宿感通寺时，听到僧人诵经，发音多有错误，于是李元阳提议将先秦古音予以梳理记录。杨升庵遂在这里完成了音韵学著作《转注古音略》。

之后，李元阳将他们在感通寺内的住所题为"写韵楼"，也即今天"状元楼"的前身。

这位骄傲的才子一生不肯向皇权低头，嘉靖皇帝也每每打听杨升庵的下落，恨其不能早死。

徐霞客见到杨升庵的遗迹，想必一定心有戚戚吧！

三十多年后，一代高僧担当和尚圆寂于感通寺。这名担当和尚就是徐霞客的昆明朋友——唐泰。

三月十四日，徐霞客和何巢阿到一个石匠家观赏石头。两人各花一百文钱买了一块方石。何巢阿的那块，似有峰峦点缀其上，非常漂亮；徐霞客的那块，上面则只有黑白两色，但他非常喜欢。

三月十五日，正赶上三月街第一天，徐霞客和何氏父子一起赶了三月街。三月街是大理地区流传已久的集市传统，每年三月十五日开始，会期不等。徐霞客到的时候，听说三月十九日就会结束。

徐霞客虽然非常喜欢各种奇异的石头，但见到当地的石匠家庭因为不堪采石的苦役，纷纷流亡迁徙，又不免生出怜悯之情。

三月十七日，何氏父子辞行，约定等徐霞客从腾冲东归时，再一起畅游大理。

之后，徐霞客重新整备行李，于三月二十日出大理城南门，过下关，往漾濞县走去。

美丽的大理让徐霞客念念不忘，但世事难料，从保山东返至鸡足山后，他却一病不起，再也无法赴何氏之约，也就留下了"苍山洱海未了之兴"的千古慨叹。

知识大串联

大理的"风花雪月"

大理的美景可以概括为"风""花""雪""月"四个字。"风"即下关风,"花"即上关花,"雪"即苍山雪,"月"即洱海月。徐霞客在游记中也提到这种说法,可见其流传已久。

苍山洱海间

趣味小贴士

杨慎的一首词作,你一定听过,猜猜是什么?

作为明代三大才子(另两位是解缙、徐渭)之首,杨慎有很多作品传世,且涉及范围极其广泛,但最为大众所熟知的是他的一首《临江仙》,相信你一定听过:

滚滚长江东逝水,浪花淘尽英雄。是非成败转头空。青山依旧在,几度夕阳红。

白发渔樵江渚上,惯看秋月春风。一壶浊酒喜相逢。古今多少事,都付笑谈中。

夏日的苍山洱海

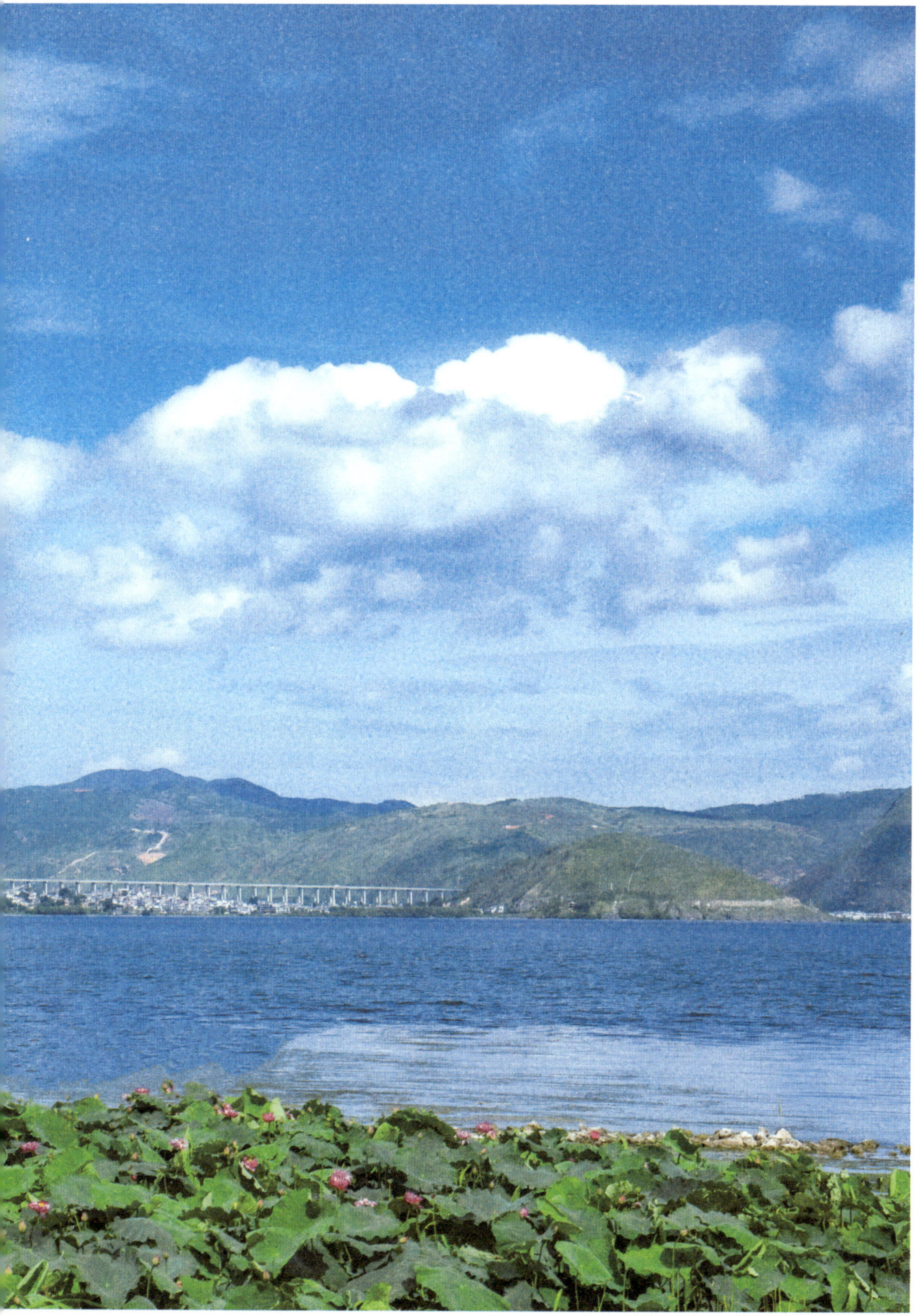

原文赏析

【原文节选】

　　潭三面石壁环窝，南北二面石门之壁，其高参天，后面即峡底之石，高亦二三丈；而脚嵌颡①突，下与两旁联为一石，若剖半盎①，并无纤隙透水潭中，而突颡之上，如檐覆潭者，亦无滴沥抛崖下坠；而水自潭中辄①东面而溢，轰倒槽道，如龙破峡。

【注释】

　　①颡（sǎng）：额头。②盎：瓦瓮。③辄：总是。

【参考译文】

　　水潭三面的石壁环成一个窝状，南北两侧石门的石壁，高耸插入天空之中，后面便是峡谷底部的岩石，高处也有两三丈；可是石脚下嵌上方向前突出，下面与两侧连成一块岩石，就像是被剖开的半个瓦瓮，并没有丝毫缝隙可以漏水到水潭中，而前突的崖石上面，就像是屋檐覆盖在水潭上的地方，也没有水滴从石崖上面洒落下来；不过水从潭中向东面溢出，轰隆隆地进到沟槽水道之中，就像是神龙冲破了峡谷。

读万卷书　行万里路

极边第一城（一）

43

时间：崇祯十二年（1639）

地点：腾冲（云南省腾冲市）

主要人物：徐霞客

崇祯十二年（1639）四月初十，徐霞客离开保山县城向西，渡怒江，越高黎贡山，过龙川江，于四月十三日抵达腾冲，之后主要考察腾冲北部。

本篇所述主要对应《滇游日记九》。

告别大理后，徐霞客于三月二十九日到达保山县城，并于四月初十离开，西去腾冲。中间十天的日记，如今已经缺失。按照徐霞客的出游习惯，我们可以合理推断：那十天徐霞客应该以拜访朋友为主，因为他之后还要从腾冲返回保山，到时候再游览各处名胜也不迟。

出保山，一路向西走来。四月十一日这天，徐霞客走到一处峡谷，但见靠着山崖的石碑上刻着"此处是古盘蛇谷"几个字。

在《三国演义》中，诸葛亮为了招降南中地区的少数民族，曾与孟获的军队在盘蛇谷对决。当时，孟获所率领

的军队都穿着一种特制的藤甲，刀枪不入，遇水不沉。诸葛亮发现，藤甲是通过浸油而制成的，于是就在此地埋伏士兵，堆放燃料，用火烧的方式大败藤甲兵。

眼前的这条峡谷，正是诸葛亮率军击败孟获军队的地方，其地势确实非常险要。

此后，徐霞客翻越高黎贡山，渡过龙川江，于四月十三日来到腾冲。

昆明的吴方生曾给徐霞客写了一封介绍信，希望腾冲的潘秀才帮忙照顾徐霞客。

徐霞客放下行李后，就让顾行去找潘家投递书信。与潘秀才接上头之后，对方自然少不了酒菜招待。席间，徐霞客说起去缅甸的事，想找同行的人。潘秀才劝他不要出关："这个时节，天气炎热，瘴气毒性正大，出关的事，还是要从长计议。"

四月十六日，徐霞客去游览了跌水河（今叠水河）瀑

布和宝峰山。在宝峰山期间，徐霞客没有了路费，就让顾行回城把一件蓝纱卖了。

　　四月二十一日，徐霞客告别宝峰山上的道士，向北来到打鹰山。据说，这座山原来叫"集鹰山"，因为山上有很多老鹰聚集。后来当地人错把"集鹰"念成了"打鹰"。

　　关于"打鹰山"，当地有一个恐怖的传言。相传距离当时三十多年前，山上到处都是参天大树和茂林修竹；还有四个龙潭，深不可测，只要有人靠近，潭水就会腾涌而起。后来，有人上山放羊，惊雷乍起，五六百只羊和几个牧羊人都被震死了。之后，山林大火烧了几天几夜，山上的树木都被烧为灰烬，龙潭也变成了陆地。

　　徐霞客看到山顶上全是赭红色岩石，岩石有很多孔洞，颇似蜂房，也非常轻，很像炉渣，但石质依然很坚硬。

　　在那个时代，徐霞客并不知道"地壳""岩浆""火

山"这些地理学名词，但他忠实地记录了当地关于"火山爆发"的传言，以及他看到的火山爆发后的情况，于现今而言也有非常重要的科学价值。

在游云峰山的时候，徐霞客见悬空的藤蔓上倒挂着两个囊状的木球，据山上的和尚说那叫"木胆"，徐霞客很想摘下来带回去。于是中午时分，他同顾行找来梯子架到树上，顺着树枝爬到一定高度，再举起绑着斧头的竹竿，把木胆砍了下来。两个木胆拿不过来，他们就把轻的那个给扔了。之后几日，徐霞客扛着木胆到处旅游，将其视为珍宝，但凡遇到温泉，他都恨不得给木胆也洗洗澡。

有令人高兴的事，自然也免不了有令人伤心的事。

四月二十七日，在攀登石房洞山的时候，徐霞客陷入了平生最危险的境地：想上去无处可抓，想下去无处落脚，就像贴在一面墙壁上，手脚只能死死扣住凸起的岩石。这似乎很像现今的攀岩运动，但不同的是，他没有保险绳，而岩石也随时有松动、坠落的可能。就在这时，他身上为数不多的钱也不知道掉落在什么地方了……

为了筹集路费，他把三件衣服挂在寓所外边卖。过了很久，有人用二百文钱买走一件丝绸的衣服。他大喜过望，立刻买酒买肉，抚慰自己的辘辘饥肠。酒足饭饱后，趁着天还没有完全黑，他又游了一次山洞。

下山后，当晚酒至微醺，徐霞客愉快地睡着了。

知识大串联

高黎贡山

高黎贡山是横断山的支脉，横亘在怒江傈僳族自治州全境和保山西部，是古代西南丝绸之路的必经之路。抗日战争时期，二十多万云南百姓，用近九个月时间修通了从昆明到缅甸的滇缅公路，为国际援助物资进入云南开通了生命线。这条滇缅公路就穿越高黎贡山。

趣味小贴士

探洞专家——徐霞客

徐霞客被认为是世界上最早的洞穴探险家。《徐霞客游记》中记载了大量徐霞客探访洞穴的内容，涉及洞穴三百五十多个。徐霞客对洞穴的观察和记述非常全面、丰富，包括但不限于洞穴位置、洞口朝向、内部尺寸与规模、空间结构、碑刻、洞内生物、水文情况、钟乳石的分布与形状等。他没有专业的探洞设备和测量工具，但不畏艰险、力求深入，对尺寸、高度等的记录也异常精确。

原文赏析

【原文节选】

　　晨起，天色上霁，四山咸露其翠微，而山下甸中，则平白氤氲，如铺絮，又如潏①波，无分远近，皆若浮翠无根，嵌银连叠，不知其下复有坡渊村塍之异也。至如山外之山，甸外之甸②，稍远辄为岚掩翠映，无能拈出，独此时层层衬白，一片内，一片外，搜根剔奥③，虽掩其下而愈疏其上。

【注释】

　　①潏（yù）：水涌起。②甸：山间平地。③奥：深处。

【参考译文】

　　早晨起床，天空上方放晴，四周的群山都露出翠微的山色，但山下的甸子中，却平铺着白色氤氲的云气，像铺开的棉絮，又像翻涌的波涛，不管远处还是近处，都像是无根漂浮的翠玉，像连片重叠镶嵌的白银，不再知道它下面还有山坡、深渊、村庄、田野的异境了。至于山外的山，甸子外的甸子，稍远一点的就被山雾遮蔽，被翠色掩映，无法分辨出来，独有此时层层白云映衬着，一片在内，一片在外，穷根究底，虽然云层下方遮住了，但云层上方愈加疏朗。

腾冲的湿地风光

读万卷书　行万里路

44

极边第一城（二）

时间：崇祯十二年（1639）

地点：腾冲（云南省腾冲市）

主要人物：徐霞客

崇祯十二年（1639）五月，徐霞客仍停留在腾冲，主要考察腾冲南部，于五月十九日离腾东返，重回保山。

本篇所述主要对应《滇游日记九》《滇游日记十》。

徐霞客在游历腾冲北部时，还参观了"明光六厂"。顾名思义，这里一共有六个矿厂，是明朝著名的银矿区。"六厂"各有分工，比如：阿幸厂和南香甸厂是负责冶炼的，明光厂是负责烧炭运砖、供应冶炼厂的，其他厂则是负责出矿的。其中，阿幸厂的一个某姓工人留徐霞客在厂区的茅草屋内吃饭，并给他讲了当地的情况：厂区地处偏僻，经常被当地人骚扰。当地人每次虽然只来四五十个人，但都带着毒箭。工人一旦中箭，几乎就没救了。他的妻子和儿子都因此死在这里，埋葬在山前。

四月二十九日，徐霞客回到腾冲，住进旅店。

五月初一，一大早，店主说："参将府的吴公派人来找

过您，听说您去游尖山后，三番五次派人来等候，还命令我们，一旦您到店，就要赶紧报告，我这就去。"

徐霞客听说参将府急着找自己，有点犯嘀咕，不知道对方是好意还是歹意，就对店主说："店主可否暂缓通报？等我探明情况再说。"店主不听，对参将府的命令一刻也不敢耽误。

不久，店主带着参将府的一个把总回到店里。把总带来参将府的名帖，邀请徐霞客到参将府做客。看来这是好事。

吴公设宴款待了徐霞客，两个人聊得很投机。此后，吴公还将《腾越州志》借给徐霞客看。

这份州志真是及时，它为徐霞客的腾冲南境之旅提供了很好的指导。

五月初二，当地的州学**庠（xiáng）生**李虎变也慕名前来拜访。

> **庠生**
>
> 科举时代将府、州、县学的生员称为"庠生"；明清时为秀才的别称。

之后，李虎变邀请徐霞客住到自己家里，还陪着徐霞客游览了水应寺（今水映寺）、天应寺、团山、长洞山、罗汉冲温泉等。

腾冲的温泉很多，其中最有名的是热海大滚锅，当时叫硫黄塘温泉（因当地盛产硫黄，故名"硫黄塘"）。徐霞客见到的温泉池有四五亩大，如今直径有三米多，看来缩小了不少。池中水温高达九十度，据说用池水煮鸡蛋等食物，立等可食。更夸张的说法是，若一头水牛掉下去，很快就能煮到脱骨。

再说回李虎变。李家住在绮罗，据说那地方的地形像一块丝绸，故名"绮罗"。现在的绮罗分为上绮罗和下绮罗。徐霞客住宿的地方，如今属于下绮罗。

腾冲现在有一个旅游区叫绮罗古镇，相传古镇中的大多数建筑群就是李虎变家族所留下的。李虎变的父亲经商

创业赚了大钱，经常回馈乡里，在当地很有名望。据说李父早年卖酒时，有"老虎变银子"的传奇经历，所以将大儿子的小名取为"虎变"。李虎变的后人仍以经商为主，偶有捐官的，家业越来越大。

李家后人的传奇故事，徐霞客当然不知道，但李家当时的热情，徐霞客却深有体会，他在绮罗共游历七天，其中五晚都住在李家。

作为报答，徐霞客也帮李虎变代笔了《田署州期政四谣》。

腾冲毗邻缅甸，盛产玉石，徐霞客在腾冲，自然也少不了关于玉石的故事。

徐霞客最先拜访的潘秀才家里就有不少玉石。潘秀才虽然是儒生，但经常跑到缅甸去做生意。很多人都知道潘家有好玉，就经常来要，潘秀才不堪其苦，经常躲起来不见人，以致徐霞客也常常见不到他。

不过，潘秀才对徐霞客还算慷慨，送了他两块翡翠。

这两块翡翠的故事，一直持续到保山。

知识大串联

考察云南六大水系

徐霞客的西南之行已经不仅仅是游山玩水，而是对山脉、水脉进行实地考察和深入研究。他完成了对云南境内六大水系（长江、珠江、元江、澜沧江、怒江、龙川江）源头的考察，详细记录了它们的发源地和流域范围。正是这一点，让他跻身伟大的地理学家之列。

趣味小贴士

关于绮罗李家，还有哪些有趣的故事？

相传到了清朝，李虎变后人李先和把生意做到了东南亚各国并受到缅甸王室赏识，被聘为主管缅甸与中国贸易的事务官，还娶了一位缅甸公主，成为腾冲首富和"翡翠大王"。

在腾冲有两个古镇，一个叫和顺古镇，一个叫绮罗古镇。两个古镇的建筑群分别是由历史上两地的名门大户留下的。

原文赏析

【原文节选】

其上甚峻，曲折盘崖，八里而上凌峰头，则所谓磨盘石也。百家倚峰头而居，东临绝壑，下嵌甚深，而其壑东南为大田，禾芃芃①焉。其夜倚峰而栖，月色当空，此即高黎贡山之东峰。

【注释】

①芃芃（péng）：草木茂盛的样子。

【参考译文】

那上面的路非常陡峻，曲曲折折绕着山崖走，八里后登上峰头，就是所谓的磨盘石了。百来户人家依傍着峰头居住，东边面临绝深的壑谷，下嵌之处非常深，而这个壑谷东南边是大片农田，禾苗茁壮生长在田中。这天夜里，紧靠在峰头住下，月色当空，此地就是高黎贡山的东峰。

腾冲的温泉（热海大滚锅）

读万卷书　行万里路

㊺

保山奇遇记

时间：崇祯十二年（1639）

地点：保山（云南省保山市）

主要人物：徐霞客

崇祯十二年（1639）五月十九日，徐霞客离开腾冲向东，于五月二十四日抵达保山，在保山游历约两个月；又于七月二十九日离开保山向南，过右甸（今昌宁县）、顺宁府（今凤庆县）再向北，过蒙化府（今巍山彝族回族自治县），后转东向北，过洱海卫（今祥云县）等地，重回鸡足山。

本篇所述主要对应《滇游日记十》《滇游日记十一》。

五月二十四日，徐霞客到达保山后，直接住进了会真楼。去腾冲前，他曾在这里停留，也拜访过当地的朋友。这次重回保山，可谓故地重游。

不过，在进保山县城的前一天，徐霞客见到一个旅客躺在客店内呻吟不止，原来他是遇到拦路抢劫的强盗，被打伤了。

徐霞客心想，湘江上曾经发生的事情，随时随地都还

可能发生，只是自己足够幸运而已。

更为幸运的是，他在保山有很多朋友，其中包括保山最有钱有势的家族——闪家。

闪家是保山县城的科举望族，几代人出了很多举人。

闪家的太翁叫闪继迪，已经作古。闪继迪有两个弟弟，叫闪孩识、闪孩心；有两个儿子，哥哥叫闪人望，弟弟叫闪知愿。闪家在当地家大业大，龙泉门外有一座闪家庄园，园中山水亭台，应有尽有，徐霞客多次在此接受宴请。

太翁墓在太保山上，规模宏大，有专人看管，而在太保山下，用于祭祀的太翁祠正在建设中。

在徐霞客所结交的保山名人中，有两个是太翁的女婿，一个叫俞禹锡，另一个叫马元中。俞禹锡是江苏人，在南京期间与太翁相识，后来跟太翁最小的女儿有了婚约，这次来云南，是为了完婚。马元中也不简单，属于当地的名门望族，我们稍后会讲到。

徐霞客往返腾冲时，在路上认识了一个开染铺的崔姓店主，回保山后的第一天，崔店主就带他去玉石市场买了一块琥珀绿虫，还引荐给他一名玉工（将玉石加工成玉器的匠人）。

徐霞客为什么要找玉工呢？这就要说到腾冲的潘秀才送给他的两块玉石了。原来，徐霞客想把它们加工成两个印池和一个杯子。

两块玉石中，其中一块偏白，有少许翠色，是徐霞客自己挑的，他觉得挺好看。潘秀才说："翡翠当以颜色翠绿者为上。翠如新叶，无杂质，泛荧光，细腻水润，才是佳品。徐君挑的这块，几乎是废料，即使用来搪塞人，也拿不出手。徐君不必客气，尽管挑。"徐霞客回道："我并不懂鉴玉，只是觉得好看。"潘秀才爽然大笑："那我来帮您挑一块？"说话间，他已经将成色最好的一块递了过来。

徐霞客盛情难却，只好收下，一路带到保山来，打算加工一下。

可是，玉工的报价远远超过买玉石的费用。

转念一想，如果不在这里加工，还得继续带着上路，多有不便，只得接受了这个价格。

其时，他身上已经没钱了，于是就把木增赠送给他的银杯换了钱来付加工费。

接下来的几天，闪家老老少少都来拜访徐霞客，隔三差

五宴请、送礼、陪同出游。闪知愿还将自己收藏的《南园漫录》《永昌府志》给徐霞客看。这些都是徐霞客喜欢的游记和志书，他自然不想错过，所以有几天他就坐在书馆抄书。

有一天，徐霞客去游玛瑙山，见山坡上有一所房子，就去叩门问路。

这时，一名衣冠整洁的房主走出门来，仔细打量了一下徐霞客，突然问道："您是徐先生吗？"

徐霞客愕然："您怎么认识我？"

房主说："我弟弟跟我说过好几次，我已经盼望您很久了！"

原来，此人正是马元中的哥哥马元康。

想看玛瑙矿还不容易，这下算是找对人了，因为矿山正是马家的。

下午，马元康就亲自带着徐霞客去看矿坑。一路走去，只要凿开崖壁，就有玛瑙露出来，有白的，有红的。再往里走，就是矿坑，其中的玛瑙有水养护着，其中的精品剔透、坚硬、细密，十分罕见。而那些平时论斤卖给别人的，则是凿下来的碎渣碎屑。随后，马元康让人割草开

道，带徐霞客登上山顶，为他指点四周的群山。

晚上，两个人喝着茶、饮着酒，吃着从山上采来的野生菌，简直堪比神仙生活。

第二天，天下起了雨，马元康便留徐霞客在住所下围棋。徐霞客是围棋高手，长期以来，很难遇到对手，但马元康先让两个子，居然也能赢，可见马元康棋艺了得。

他们用的棋子，正是独步天下的"永子"，即由多种矿石混合熔炼、滴制而成的围棋子。透过阳光看，黑子呈翠绿色，白子呈蛋黄色。制作永子的工艺曾一度失传，现如今，在当地政府的支持下，永子传人终于成功复原这项技术。

第三天，马元康还带着徐霞客游了杨柳大瀑布。只见流水在山涧中狂奔而下，水势又高又远，比黄果树瀑布雄壮得多。如果不是马元康帮忙，徐霞客还无法看到这一奇景。他说："滇中瀑布，当以此为第一。"

在保山期间，一众好友经常宴请、送礼，给了徐霞客很多支持。不过，他缺钱的窘况并没有因此而解除，时不时，他就会缺粮断炊，这也导致他不得不经常"要饭"。

好友刘北有去昆明参加科举考试之前，打算宴请徐霞客以示暂别，徐霞客听说了，就写信给刘北有："招待我一百杯酒，不如送我一斗粟米，粟米够我吃好几天的。"

窘迫到这种程度，还这么不客气，也是很少见了。

俞禹锡回江苏之前，曾让仆人来问徐霞客，是否需要帮忙捎书信给家人。徐霞客已经很久没给家人写信了，心想："他们如果以为我早死了，倒还省心，如果知道我还活着，又要天天担心了。"于是，他谢绝了俞禹锡的好意。

然而，七月初三这天晚上，徐霞客突然想到西南之行已接近尾声，还是把情况告诉家人为好，于是写好了信，打算第二天交给俞禹锡。

七月二十九日，徐霞客在饱览保山名胜、作别一众好友后，重新向鸡足山走去。

此时，他的家书也在去往江阴的途中。

知识大串联

保山南红玛瑙

徐霞客在参观马家的玛瑙山时，见到玛瑙有红、白两色。其中，红玛瑙尤其珍贵。南红玛瑙是玛瑙中的珍稀品种，又称"赤玉"，产地主要有云南保山、四川凉山，其中云南保山是最具代表性的南红玛瑙产地。

趣味小贴士

保山闪家花园

徐霞客到保山闪家做客时，曾在一个大庄园内接受宴请。这个庄园就是闪家花园，由闪太翁购入，并聘请能工巧匠进行重建。重建工作持续了两代人，徐霞客到时，闪家仍在施工。

闪家花园与张家花园、吴家花园、邵家花园、徐家花园、袁家花园、刘家花园、汤家花园并称明清"永昌八大花园"。然而，这些私家园林如今大部分已荡然无存。

原文赏析

【原文节选】

　　二里，抵峡口桥东冈，坠崖斩箐①，凿级而下。一里余，凭空及底，则峡中之水，倒侧下坠，两崖紧束之，其势甚壮，黔中白水之倾泻，无此之深；腾阳滴水之悬注，无此之巨。势既高远，峡复逼仄，荡激怒狂，非复常性②，散为碎沫，倒喷满壑，虽在数十丈之上，犹霏霏珠卷霰集。

【注释】

　　①箐：竹丛。②常性：平常的样子。

【参考译文】

　　走二里路，到达峡口木桥东面的山冈，坠下石崖劈开竹丛，开凿台阶往下行。走一里多路，凌空下到峡底，只见峡中之水，倒斜着下坠，两侧石崖紧束着水流，气势异常雄壮，贵州倾泻的白水河，没有这里的瀑布深；腾冲南面高悬倾注的滴水河，没有这里的瀑布大。水势既高又远，峡谷又狭窄，激荡狂怒，不再是平常的样子，散成碎沫，倒喷在整个壑谷中，即使在几十丈远之上，仍是水雾霏霏、水珠飞卷、雪珠聚集。

云南的梯田风光

读万卷书　行万里路

46

顾行逃跑

时间：崇祯十二年（1639）

地点：保山（云南省保山市）

主要人物：徐霞客

崇祯十二年（1639）八月二十二日，徐霞客回到悉檀寺。八月二十三日至九月十四日，其在鸡足山一边治病，一边考察，为撰写《鸡足山志》做准备。其后日记丢失。

其间，仆人顾行于九月初九偷钱跑路，九月初十徐霞客才发现。

本篇所述对应《滇游日记十三》。

八月底，徐霞客和顾行再次回到鸡足山，终于可以休整一段时间了。

而这时，距离他们从江阴老家出发已经整整三年。

九月初九这一天，徐霞客决定与兰宗和尚住在山上。考虑到没有多余的被子，担心顾行在山上受冻，徐霞客就让顾行跟和光和尚一起回山下的住所过夜。

这时，顾行说道："老爷，那您得把房门钥匙给我。"

房门钥匙和行李箱钥匙绑在一起，徐霞客解了半天房

门钥匙也没解开，就把行李箱钥匙一并给了顾行。

　　第二天早晨，徐霞客见顾行迟迟没有上山来，感到有些疑惑。兰宗开解道："徐施主多虑了，仆人肯定是知道您马上就要下山，还上来干什么？"徐霞客还是不放心，准备下山看看，因为他知道顾行从来不睡懒觉。刚要下山，就见一个小和尚慌里慌张地跑过来，嘴里说道："悉檀寺长老命令我来找您。"

　　徐霞客追问怎么回事，小和尚说："长老见您的仆人一大早背着包袱外出，就问怎么回事，仆人说奉您的命令要去大理。长老觉得蹊跷，就去问和光，和光说，您没下过这样的命令。长老怀疑您的仆人逃跑了，让我来告诉您。"

　　顾行肯定不是去大理，徐霞客知道。

　　他马上跑回山下住所，打开行李箱一看，里面的东西果然都不见了。

　　围观的和尚说："徐施主，您需要派人去追吗？"

徐霞客说："追也不一定能追上，即使追上了，也没法强迫他回来。既然去意已决，就由他去吧！"徐霞客非常伤心，在当天的日记里写道："离开家乡三年，主仆二人形影不离、相依为命，如今却要抛弃我于千里之外，为何这么狠心呀！"

在封建社会，奴仆依附于主人，从主人那里领取工钱，然后侍奉和效忠于主人，这是天经地义的。虽然从现代人的视角来看，这种人身依附关系并不合理，但在等级森严的封建社会里，顾行抛弃自己的主人——一个五十多岁生病的老人，卷钱逃跑，确实违背了作为仆人的职责。

不过，仔细回想一下旅途中所发生的事情，我们发现，顾行之所以逃跑，也有不得已的苦衷。

现实生活不同于影视剧，其中没有真正的反派。顾行也不是"反派"或"坏人"，而是一个有血有肉的年轻人。

顾行的首次亮相，是在1636年九月二十八日那天的日记中。"令僮子入杭城，往曹木上解元家"一句中的"僮子"应该就是指顾行。在此之前，《徐霞客游记》要么不提及仆人，要么只以"奴仆""仆"相称。至于这些面目模糊的仆人中是否有顾行，则不得而知。至少在1636年，顾行仍是"僮仆"，可见年纪比较小——但不至于太小，因为就其行为能力来看，至少是个成年人。

顾行可能是徐家某位老仆人的儿子，从小在徐家长

大，长大后同样为徐家效力，所以被称为"僮仆"，就像鲁迅的小说《故乡》中闰土和少爷的关系一样。

从《徐霞客游记》来看，顾行非常勤劳，除非卧病在床，伺候老爷的饮食起居时从不懈怠，以至于逃跑那天没有及时来到老爷身边，就会被视为不正常。顾行也非常精明能干，在旅行途中，经常负责采买物品、对外联络、看管行李以及跑腿、探路等，可谓尽心尽力。徐霞客"麻叶洞探险"的壮举，有顾行一半的功劳，读者往往会忽略这一点。

不难想象，在漫漫险途中，没有顾行这样的仆人，徐霞客将寸步难行。反过来也说明，要想当好徐霞客的仆人，非常不容易。1636年十月初五，那个长期在徐家效力的挑夫王二，只跟着走了半个月，就逃之夭夭了，连工钱都没计较。可见，大多数仆人考虑的只是出力赚钱、养家糊口，不愿意为了成全主人的爱好、志趣而远赴千里之

外，弃生死于不顾，只有顾行跟了出来，且一路相随。

在湘江上，顾行身中四刀（静闻身中两刀），之后又在广西中了瘴气，要不是年轻体壮，恐怕要比静闻先倒下。徐霞客是怎么对待静闻的？在广西，静闻奄奄一息时，徐霞客没有停下西行的脚步，而是将静闻交给一个恶僧，就像将羔羊交给恶狼一样。顾行大概从静闻身上看到了自己的命运，他不想步静闻的后尘。在最初的计划中，鸡足山并不是旅程的终点，徐霞客还想重游大理、北上峨眉，此时，一身伤病的顾行不想再跟了。

他知道，自己的主人无数次游走在生死边缘，尚且不懂得爱惜自己的生命，怎么会怜惜别人呢？他大概也隐约意识到，自己的主人在完成一项壮举，这壮举将前无古人、后无来者。但是，仅凭两副血肉之躯，怎么可能一直走下去？再不停下脚步，总有一个人要倒下，不是主人，就是仆人。

拿到行李箱钥匙那天，顾行非常想念自己的父母、妻儿。他意识到，只要打开箱子，拿出里面的东西，就可以飞奔回去见他们。

这一次，他想自私一回。

知识大串联

悉檀寺遗址

悉檀寺由丽江土司木增出资修建，以为母求寿，成为木氏的家庙。徐霞客在提到寂光寺时曾说道"与大觉、悉檀并丽"。遗憾的是，在特定年代，悉檀寺被损毁严重，附近的静闻墓塔也未能幸免。如今，悉檀寺遗址上仅有"悉檀寺遗址"标识，静闻墓塔于1988年重建。

趣味小贴士

顾行后来去了哪里？

你可能会感到非常好奇：顾行最后安全到家了吗？可以肯定的是，顾行安全到家了。

《徐霞客游记》的整理者季梦良提到，因为部分手稿丢失，只能找徐霞客同行的仆人核实情况。比如关于云南元谋的行程，顾行提供了非常详细的信息。

在明朝将亡的动荡年代，只身一人千里迢迢回家，非常不容易。

云南的喀斯特地貌及田园风光

读万卷书　行万里路

47 万里归途

　　从意气风发离开江阴，到一身疾病由云南边陲回到家乡，在人生最后的四年里，徐霞客以顽强的意志，完成了"万里遐征"。

　　斯人已逝，但他的脚步声似乎穿越历史，仍回响在华夏大地。

徐霞客在鸡足山撰写志书，到第二年（1640）正月，由木增安排的壮汉抬滑竿（用竹子做的轿，类似于担架）护送返程。后在黄冈改为水路，徐霞客于当年六月到达江苏江阴老家。1641年正月，徐霞客病逝于家中。

受丽江土司木增的邀请，徐霞客要为鸡足山写志。

这里所说的"志"又称"地方志"，是综合记录一个地区自然环境、名胜古迹、风土人情等历史的著作，相当于一个地区的档案。

徐霞客本来想重游大理，还想去四川峨眉山，但顾行逃跑和自己两只脚病得厉害，使得他既没有意愿，也没有能力再出游了。

为了写《鸡山志》，他做了很多准备工作：到处走访僧人，收集鸡足山的故事；遍览各处寺庵亭台，了解它们的建造历史；寻找各种石刻碑文，全部予以抄录；等等。

写完《鸡足志》，已经是1640年正月。

木增派人抬着滑竿，护送他踏上返程之旅；后在黄冈改为坐船，徐霞客于六月终于回到江阴老家。

卧病在床的徐霞客，时常将考察途中所采集和购买到的岩石标本放在手边，视为珍宝。

听说自己的好朋友黄道周被皇帝关进了监狱，徐霞客就派自己的大儿子前去看望。三个月后，大儿子返回，向徐霞客详细讲述了黄道周在监狱中的状况。徐霞客听后躺在床上不断哀叹，不吃东西，不久便去世了。

徐霞客病逝后，好友陈函辉帮忙写了《徐霞客墓志铭》，钱谦益写了《徐霞客传》，对他的生平进行了介绍，对他的品行和功绩进行了评价。

按照陈函辉和钱谦益的说法，徐霞客曾在峨眉山下，将自己写成的《溯江纪源》寄出。可见，徐霞客有可能在返程途中去过四川。不过，目前存世的《徐霞客游记》中

没有任何关于峨眉山的记录，这一说法也无法得到印证。

徐霞客到底去没去过峨眉山，至今仍是一个谜。正方和反方都提出了很多理由，但均为推测，未能证实。

《鸡山志》已经丢失，如今存世的只有《鸡山志目》《鸡山志略》，以及作为附篇的《丽江纪略》《法王缘起》和《溯江纪源》。其中，《鸡山志目》相当于提纲，《鸡山志略》相当于摘要。虽然主体部分已丢失，但只看提纲和摘要，也能窥其一二。作为地理学大家的徐霞客，其所撰写的游记文字，为后世的《鸡足山志》甚至所有的名山志书，提供了一个优秀的范例。

《徐霞客游记》由徐霞客的好友兼塾师季梦良整理完成，在当时的知识分子中广为流传；后来不断残缺，又不断被人重新整理、补录成新的版本。其中，由李寄整理的一个版本对《徐霞客游记》的流传起了重要作用。

徐霞客去世一年后，好友黄道周被赦免返乡。他在路过南京时，听说徐霞客已经亡故，遂写下诗文以寄托哀思。

徐霞客去世三年后，满族人多尔衮率军攻破北京城，明朝灭亡。

徐霞客去世四年后，徐家遭遇"奴变"，有家人被杀，《徐霞客游记》再次残缺。

徐霞客去世五年后，被清兵俘虏的黄道周为南明朝廷殉国。

徐霞客去世一百三十五年后，《徐霞客游记》首次付印出版，时为清乾隆四十一年。

2011年，《游天台山日记》开篇之日被确定为"中国旅游日"。

进入21世纪后，徐霞客和木增后人再续徐、木两家的旷世情谊。

如今，南方诸省的众多景点，大都立有徐霞客的塑像，导游们更是言必称"徐公"。当年收留和招待过他的地方，如今正在接受他的恩惠。他以另一种方式，继续活在这片大好河山之间。

知识大串联

徐霞客的自我评价

徐霞客究竟怎么评价自己的一生呢?我们来看下面这段对话。

徐霞客回到老家后,有人来探病,说道:"你这又是何苦呢?"徐霞客答道:"西汉的张骞开辟道路,却没看到昆仑山。唐朝的玄奘、元朝的耶律楚材都是奉皇上的命令,才有机会西游。我不过是一介平民,凭借一根手杖、一双布鞋,到过黄河、沙漠地带,去过昆仑山,远赴西域,在远方的国家留名,与前面三个人并称,我死而无憾了。"

这段话引自钱谦益的《徐霞客传》,其中"去过昆仑山,远赴西域"等或为夸大其词,无法确定徐霞客真的说过这番话,不过,他对自己的一生没有遗憾是真的。

趣味小贴士

徐霞客最远到达了哪里？

从头到尾读完这套书的读者一定知道，徐霞客本来想去缅甸，但最终未能成行。

陈函辉的《徐霞客墓志铭》和钱谦益的《徐霞客传》中都提到，徐霞客曾"出石门关""至昆仑（昆仑山）""穷星宿海"，甚至进入西藏，见到了大宝法王。

不过，从我们这套书对《徐霞客游记》的梳理来看，徐霞客根本没有时间远赴西域，甚至进入西藏。陈函辉和钱谦益的说法，或有不实之词。

笔者认为，徐霞客到过最远的地方，应该就是云南腾冲。

万里归途

原文赏析

【原文节选】

又半里,即见壑东危崖盘耸,其上一瀑垂空倒峡,飞喷迢遥,下及壑底,高百余丈,摇岚①曳石,浮动烟云。虽其势小于玉龙阁前峡口瀑,而峡口内嵌于两崖之胁,观者不能对峡直眺,而旁觑倒瞰,不能竟其全体;此瀑高飞于穹崖之首,观者隔峡平揖②,而自颡③及趾,靡④有所遗。

【注释】

①岚(lán):山林中的雾气。②揖(yī):拱手行礼。③颡(sǎng):额头。④靡(mǐ):不。

【参考译文】

又走半里,很快望见壑谷东面的危崖盘绕着上耸,危崖上一条瀑布垂空倾泻入峡谷中,远远地飞溅喷泻,向下到达壑谷底,高一百多丈,山风飘摇,山石摇曳,烟云浮动。其水势虽然小于玉龙阁前边峡口的瀑布,但峡口的瀑布向内深嵌在两面山崖的侧边,观赏者不能面对着山峡直视,而如果要在旁边弯腰斜着下瞰,又不能看到它的全貌;这个瀑布高高飞挂在穹隆的山崖头上,观赏者能隔着峡谷平行观看,而且从头到脚,没有遗漏。

附录
徐霞客出游年表

关于徐霞客的出游次数，有多种说法，或说14次，或说15次，或说20次，其中最多的是26次。26次之说，当然皆查有所据，但其中一些依据的是陈函辉的《徐霞客墓志铭》和钱谦益的《徐霞客传》。如前所说，陈函辉的《徐霞客墓志铭》和钱谦益的《徐霞客传》多有不实之词，可靠性不如《徐霞客游记》，如无其他文献互为印证，则不宜轻信。再者，26次出游中，很大一部分是走亲访友，以诗酒唱和为主，与我们通常理解的旅游不尽相同。

为帮助理解本书内容，且与《徐霞客游记》的时间线很好地进行对应，下面我们列出其中14次出游的详情。

第一次出游

万历三十五年（1607），时年20岁，近游无锡惠山和太湖，未留下日记，但揭开了旅游生涯的序幕。

第二次出游

万历三十七年（1609），时年22岁，沿京杭大运河坐船北上，到达山东、河北，游泰山、孔庙、孟庙、孟母三迁旧迹、峄山等。泰山是徐霞客"五岳"之游的第一站，可惜游历详情未见于《徐霞客游记》。

第三次出游

万历四十一年（1613），时年26岁，走水路，先游杭州，再沿曹娥江到绍兴、宁波，游普陀山。后沿海路（据考）南行，经台州市宁海县，向西游天台山，后继续南下温州，游雁荡山。这是第一次游天台山、雁荡山。

第四次出游

万历四十四年（1616），时年29岁，沿水路南下，经杭州到安徽休宁，游齐云山，后北上游黄山。经江西上饶、铅山到达福建崇安，游武夷山。返程时，沿途游诸暨、绍兴、杭州等。这是第一次游齐云山、黄山。

第五次出游

万历四十五年（1617），时年30岁，正室许氏去世，一整年未远游，近游江苏宜兴的善权、张公诸洞。

第六次出游

万历四十六年（1618），时年31岁，逆长江而上，在江西九江登陆，游江西庐山、鄱阳湖，过景德镇、安徽祁门，游安徽齐云山、黄山，就近游九华山，后经杭州、苏州返家。这是第二次游齐云山、黄山。

第七次出游

明光宗泰昌元年（1620），时年33岁，由水路南下，经杭州、金华至江山，游江郎山，后由仙霞岭进入福建，经蒲城、建宁、南平至莆田，游九鲤湖、石竹山。其中，在九鲤湖为生病的母亲祈梦。

第八次出游

明熹宗天启三年（1623），时年36岁，沿京杭大运河北上，后陆行，经江苏徐州、河南开封、郑州至登封，游河南嵩山，西出洛阳，游龙门石窟，再西行，至陕西潼关，游华山。后沿丹江水路南下，至湖北十堰，游武当山，之后经汉江进入长江，一路舟行，回到老家。嵩山是"五岳"之游的第二站，华山是"五岳"之游的第三站。

第九次出游

天启四年（1624），时年37岁，与母亲王孺人一起出行，近游宜兴诸洞。第二年母亲去世，之后为母守孝，未进行远游。其诗文中提到的出行，应系走亲访友性质。

第十次出游

崇祯二年（1629），时年42岁，沿京杭大运河北上，抵京师，游盘山、燕山、崆峒山、碣石山等。

第十一次出游

崇祯三年（1630），时年43岁，应族叔徐日升邀请，沿水路南下福建，经浦城，抵漳州，沿途游闽北浮盖山和永安桃源洞。

第十二次出游

崇祯五年（1632），时年45岁，三四月间与族兄徐仲昭抵浙江，游天台山、雁荡山——这是徐霞客第二次游。一个月后，三游天台山，之后顺便去临海拜访好友陈函辉。陈函辉问起雁湖详情，徐霞客只身再游雁荡山。徐霞客一生共三游天台山、雁荡山。

第十三次出游

崇祯六年（1633），时年46岁，沿京杭大运河北上进入京师，后向西经河北进入山西，依次游五台山、恒山，之后返回北京，南下回家。恒山是"五岳"之游的第四站。

第十四次出游

崇祯九年（1636）秋到崇祯十三年（1640）夏，时年49岁至53岁。徐霞客远游西南共四年，历浙、赣、桂、湘、黔、滇六省，行程数万里，直至双脚尽废，被丽江木府派人护送回江苏老家，是为"万里遐征"。

1636年九月，与亲友告别，沿水路东行，经苏州到达佘山，访陈继儒；再折向西行，进入浙江，过杭州、桐庐，沿富春江、兰江南下，过建德、兰溪、金华，后返回兰溪，向西经龙游、衢州，于十月进入江西境内。

在浙江境内，主要游览杭州西湖、富阳洞山、金华北山诸洞、兰溪六洞山等。

在江西境内一路向西，经上饶、铅山、弋阳、贵溪、金溪到南城，后绕道黎川、南丰，重返南城，继续西行，经宜黄、乐安、永丰、吉水、吉安抵达永新。除夕在永新刘怀素家度过。

在江西境内，主要游览弋阳龟峰、贵溪龙虎山、南城麻姑山、黎川会仙峰、吉安青原山、永新梅田洞等。

1637年正月，由江西永新进入湖南境内，经茶陵、攸县、衡山至衡阳，过祁阳、永州，经道县、江华、蓝山、临武、宜章、郴州、永兴、耒阳后返回衡阳，再沿湘江西行至永州。在湖南境内，主要游览茶陵麻叶洞、南岳衡山、宁远九嶷山等。

于闰四月由湖南永州进入广西，经全州、兴安至桂林，后至柳州，向北游柳城、融水，返柳州后向南至桂平，绕道玉林、北流、容县后返回桂平，向西经

贵港、横县至南宁，绕道崇左、沂州、隆安后返回南宁，北至上林。除夕在上林三里城度过。

1637年正月，在上林过年，逗留至二月，后继续北上宜州，转向西北，经河池到达南丹。

在广西境内，主要游览桂林七星岩、阳朔山水、柳州立鱼峰、融水老君洞、桂平大藤峡、容县都峤山、北流勾漏山、天等百感岩、上林三里城等。

于1638年三月从广西南丹进入贵州省界。向北经独山、都匀、麻江至福泉，后折向西行，经贵定、龙里、贵阳、平坝、安顺、镇宁、晴隆、普安至盘州。

在贵州境内，主要游览贵阳古佛洞、长顺白云山、安顺黄果树瀑布、晴隆盘江铁索桥、普安丹霞山和碧云洞等。

五月由盘州亦资孔进入云南省界。向西过富源、沾益，又折向南行，过曲靖、陆凉、嵩明，到达昆明，后继续向南到达建水，再向东到达开远，向北到达弥勒，向东经泸西、师宗、罗平，于八月重新进入贵州，后重新进入云南，经寻甸、嵩明，于十月重回昆明。由昆明向北至武定，后向西至元谋，经大姚、姚安、祥云，后折向北行，过宾川县，于十二月到达鸡足山，安葬静闻。除夕在鸡足山度过。

　　1639年正月，离开鸡足山北上，经鹤庆抵达丽江。二月离开丽江南下，至鹤庆后向西至剑川，又南行至洱源、大理。后向西过永平至保山，再向西遍游腾冲，于五月返回保山，七月离开保山向南，过昌宁、凤庆后再向北，过巍山、祥云等，于八月重回鸡足山，后"两足俱废"，在鸡足山修志至第二年。除夕在鸡足山度过。其间，仆人顾行卷钱逃跑。

　　在云南境内，主要游览曲靖翠峰山、昆明西山和滇池、建水颜洞、宾川鸡足山、丽江古城、鹤庆青玄洞、剑川金华山、洱源茈碧湖和九气台、大理清碧溪和崇圣寺三塔、腾冲打鹰山和硫黄塘温泉、保山玛瑙矿和杨柳大瀑布等。

　　1640年正月，由丽江木府派人护送回家，于当年夏天到家。

　　1641年正月，病逝于家中，时年54岁，距离返乡仅半年。

少年读 徐霞客游记 ①

◎舒文 / 编著

四川辞书出版社

图书在版编目（CIP）数据

少年读徐霞客游记：全三册/舒文编著.—成都：四川辞书出版社，2024.6

ISBN 978-7-5579-1474-5

Ⅰ.①少… Ⅱ.①舒… Ⅲ.①《徐霞客游记》-少年读物 Ⅳ.①K928.9-49

中国国家版本馆CIP数据核字（2024）第004902号

少年读徐霞客游记（全三册）
SHAONIAN DU XUXIAKE YOUJI QUAN SAN CE

舒文 编著

责任编辑	干燕飞
封面设计	韩燕鹏
责任印制	肖　鹏
出版发行	四川辞书出版社
地　　址	成都市锦江区三色路238号
印　　刷	唐山楠萍印务有限公司
开　　本	718 mm×1000 mm　1/16
版　　次	2024年6月第1版
印　　次	2024年6月第1次印刷
印　　张	28
书　　号	ISBN 978-7-5579-1474-5
定　　价	128.00元（全三册）

・版权所有，翻印必究。

・如遇印装质量问题，请与本书发行部联系。

・联系电话：18611961736

前言

今天，当你计划出门远游的时候，你可曾想过，在交通不便的古代社会，古人是怎么旅游的呢？

事实上，绝大多数古人或许一辈子都没有机会旅游，甚至很多人一生都不会离开他们所生活的小地方。

但也有极少数的古人，他们怀着对外面世界的好奇，追寻着"读万卷书，行万里路"的梦想。这其中最著名的当属徐霞客。

徐霞客是怎么旅游的呢？相信这套书不仅能让你了解他的旅游经历，还会令你对旅游有一些新的认识。当然了，带你了解徐霞客的旅游过程，并非笔者编写这套书的最终目的。笔者更希望你在跟随徐霞客旅游的过程中，能够自由地思考一些关于"古今""中外"的问题。

那么，怎么看"古今"呢？

让我们做一次有关想象力的练习：尽可能具体地想象徐霞客在那些年出游的细节。

或乘舟，或骑马，或步行；旅伴二三人，随侍一二人；食则就地起灶，宿则宫观庙宇；行李几大箱，内有被褥、衣物、鞋袜、炊具、餐具、火具、铁针、锡筒、竹筒等生活用品，有米、面、盐、酱、干菜、酒、茶等食品，有笔、墨、纸、砚等文具，有地志、山海图经等史籍，有书信、手柬，有碑刻拓片，有为亲朋好友准备的礼物……

这可谓重装出行了，难怪寻找挑夫会成为徐霞客在旅途中最要紧解决的事项之一。

而对于习惯了汽车、高铁、飞机以及手机、电脑、互联网、电子支付等的现代人，想想徐霞客的出行，是不是就觉得困难重重？而想必徐霞客也绝难想象现代人的出行能有如此便利。

400余年的光阴，是如此遥远。

如果时间是东逝的一条河，则古人在上游，我们在下游。然而，随着时间的推移，古人的踪迹，古人的文字，又层层累积，成为我们今天旅游文化的一部分。

当你驻足于徐霞客曾经游览的名胜前，欣赏徐霞客曾经到访的山水时，想必你一定会发出"今人不见古时月，今月曾经照古人"的慨叹吧！

不管是湘江遇匪，还是银两被盗，不管是凤羽的节物风流，还是上林的乡党情浓，《徐霞客游记》中的人性故事生动活泼、如在眼前，可见世道人心、自古皆然，相信这些也会让你产生"古人今人若流水，共看明月皆如此"的慨叹吧！

400余年的光阴，又是如此切近。

哲学家康德认为，美有两种，一种是优美感，一种是崇

高感。要想获得优美感，只需与大自然的鬼斧神工相对；而要想获得崇高感，则必须懂得释放时间的力量。

因此，有价值的旅游，不是走马观花，不是"到此一游"，而是要透过眼前的美景，去感受历史的厚重。

那么，什么又是"中外"呢？

如果我们站在某一个点上，将目光再往开阔处看，我们又能发现另外一些有趣且重要的事情。

将时间往前推400年，那是西方自然科学一日千里的时代。

那时，"近代实验科学之父"伽利略发表了科学史名篇《试金者》，以此作为捍卫"日心说"之努力的一部分。

那时，"天空立法者"开普勒写成了天文学著作《鲁道尔夫星表》，之后依此星表成功预测了行星凌日事件。

伽利略和开普勒的研究成果，成为日后天才科学家牛顿口中所谓的"巨人的肩膀"。

那时，传教士汤若望进入北京，之后致力于向明、清两代的皇室推介欧洲的科技成果。

汤若望到达北京几年后，崇祯皇帝终于决定废弃早已漏洞百出的《大统历》，命令以徐光启为首的科学家团队重修历法。在此之前，历代朝廷严令禁止或限制私人研习历法，直接导致天文学人才凋零。

也正是在那时，徐霞客水陆兼行，北上旅游：先是在春寒料峭中游中岳嵩山、西岳华山，在油菜花开的季节登上大岳武当，又在春光明媚中沿江东下，返回江阴。从那时起，他不再局限于记述一地一景，而是开启了对区域地理的系统考察。

当时的儒家知识分子读书的目的大多只是科场高中，修身的目的也仅仅是为道德文章。即便这一系统"漏网之鱼"中的佼佼者，如陈继儒（见第3册）、杨慎（见第3册）等人，也仅将诗文、书法、绘画作为自我提升的主要项目。而徐霞客则最大限度地摈弃了这一传统，他求真务实，更是用自己的生命将这一实践进行到底。值得一提的是，《徐霞客游记》中对于距离、方位、尺寸的测量，其准确性直追现代高科技测量仪器。

纵观徐霞客的一生，求真、务实、身体力行，在我国古代知识分子中是如此特立独行，实属难能可贵。他的同行者是墨子、张衡、祖冲之、郦道元、沈括、宋应星、徐光启、李时珍等。

相信你在跟随徐霞客"万里遐征"的过程中，一定会有更多新的思考。读书是一个不断向内探索的过程，而旅游则是一个不断向外探索的过程。如果能将二者结合起来，那是最完美的。当你读完本套书时，相信你也会生发出"读万卷书，行万里路"的憧憬，就像400多年前江阴的那个少年徐霞客一样！

编　者

目录

1. 史上杰出的旅行家 /001

2. 了不起的旅游日记 /011

3. 游记开篇地——天台山 /019
   万历四十一年（1613）

4. 登顶雁荡山 /029
   万历四十一年（1613）

5. 寻仙齐云山 /039
   万历四十四年（1616）

6. 雪中登黄山 /047
   万历四十四年（1616）

7. 览胜武夷山 /059
   万历四十四年（1616）

8. 畅游庐山　/ 067
万历四十六年（1618）

9. 祈梦石竹山　/ 077
泰昌元年（1620）

10. 问禅嵩山　/ 087
天启三年（1623）

11. 探险华山　/ 097
天启三年（1623）

12. 问道武当山　/ 107
天启三年（1623）

13. 探洞浮盖山　/ 119
崇祯三年（1630）

14. 朝圣五台山　/ 127
崇祯六年（1633）

15. 圆梦恒山　/ 135
崇祯六年（1633）

目录

16. 饱览杭州美景 /143

崇祯九年（1636）

17. 探金华三洞 /153

崇祯九年（1636）

18. 游弋阳龟峰 /161

崇祯九年（1636）

19. 登鹰潭龙虎山 /171

崇祯九年（1636）

20. 游吉安武功山 /179

崇祯十年（1637）

21. 麻叶洞探险 /187

崇祯十年（1637）

22. 雨中登衡山 /197

崇祯十年（1637）

23. 湘江遇匪（一） /207

崇祯十年（1637）

24. 湘江遇匪（二） /215
崇祯十年（1637）

25. 两游桂林七星岩 /223
崇祯十年（1637）

26. 游靖江王城 /233
崇祯十年（1637）

27. 真仙岩再探洞 /241
崇祯十年（1637）

28. 崇善寺别静闻（一） /251
崇祯十年（1637）

29. 崇善寺别静闻（二） /259
崇祯十年（1637）

30. 崇善寺别静闻（三） /267
崇祯十年（1637）

31. 上林三里城 /275
崇祯十年（1637）

32. 都匀历险记　/ 283
崇祯十一年（1638）

33. 黔西有奇景　/ 293
崇祯十一年（1638）

34. 钱再次被偷　/ 301
崇祯十一年（1638）

35. 追溯盘江源　/ 309
崇祯十一年（1638）

36. 滇东随想　/ 317
崇祯十一年（1638）

37. 两进昆明　/ 325
崇祯十一年（1638）

38. 遍访名士　/ 333
崇祯十一年（1638）

39. 鸡足山的故事　/ 341
崇祯十一年（1638）

40. 木增的友谊 / 349
崇祯十二年（1639）

41. 洱源真桃源 / 357
崇祯十二年（1639）

42. 苍山洱海间 / 365
崇祯十二年（1639）

43. 极边第一城（一） / 375
崇祯十二年（1639）

44. 极边第一城（二） / 383
崇祯十二年（1639）

45. 保山奇遇记 / 391
崇祯十二年（1639）

46. 顾行逃跑 / 401
崇祯十二年（1639）

47. 万里归途 / 409

附录 徐霞客出游年表 / 417

读万卷书　行万里路

①
史上杰出的旅行家

从少年立志游遍名山大川，到年老生命终结的前一年完成"万里遐征"，徐霞客避开了乱世的纷扰，以自己喜欢的方式度过了一生。

人们常说"读万卷书，行万里路"，但是在古时候，真正有机会旅游的人并不多。

那时候，大部分人是被束缚在土地上，终其一生都没有机会出远门。虽然做官的和经商的有机会出远门，但那并不是现代意义上的旅游，而更像是今天的出差。

因为人口流动性很小，消遣性的旅游很少，所以古代没有"景区"的概念。那时候，山川河流名义上归朝廷所有，实际上是无主的，人们可以自由出入。而现在的景区大都有固定的范围，需要有人进行经营、维护，因此会收取门票等。前者是免费的，但存在安全隐患，不光有地势之险，还可能遭遇毒蛇猛兽；后者虽需要付费，但更加安全和便利。

在古代，真正称得上是"职业游客"的，徐霞客算是其中一人了。

探访名山大川，游览名胜古迹，既有益身心健康，也能增长见识，想必你一定也非常向往外面的精彩世界吧！

今天，我就给大家介绍一位用双脚丈量祖国大地的"游圣"——徐霞客，他可称得上是"背包客"的祖师爷。

徐霞客是明朝末年人，出生在今江苏江阴的一个诗书世家。他本名"弘祖"，因为常年餐霞宿露于山林野泽之间，所以朋友送他一个别号"霞客"。

徐霞客从小就很聪明并且喜欢学习，他"目空万卷"，而且过目不忘，尤其喜欢地理和游记。

14岁那年，他参加**童生试**（古代科举最低一级的考试，考中后称为"秀才"），没考上，就跟父母说："我这辈子不会再为求取功名而浪费时间了。"

父亲说："不参加科举考试可以，但一定要有自己的志向。"

他说："大丈夫当朝碧海而暮苍梧，我的志向就是游遍天下的名山大川。"

后来，徐霞客就再也没有参加科举考试了。

你或许要问，既然徐霞客书读得那么好，为什么考试会失败呢？因为他不想走科举入仕之途，与当时读书人的追求不同。徐霞客"侈博览古今史籍"，但对八股文禁锢思想、限制学习内容的做法不感兴趣。

一个风华正茂的年轻人，不想考试，不想做官，只想游山玩水，不要说跟那个时代格格不入，即使放在今天，想必也会被很多人视为不务正业、游手好闲吧！

然而，他的离经叛道，却获得了父母的支持。这究竟又是为什么呢？

事情还要从更早之前说起。

相传在1499年的一天，有人给明朝的弘治皇帝送来一封举报信，信上提到两个人：一个是"江南四大才子"之一的唐伯虎，另一个是不太有名的读书人——徐经。

原来，徐经和唐伯虎早就认识，那一年，他们又一起赴京赶考。

看到全天下的读书人齐聚京城，好生热闹，他们开始展现"社交牛人"的属性，组织各种聚会，参加很多应酬，一时间出尽风头。

这都被一些人看在眼里。

科举考试结束后，二人被举报贿赂考官，提前知道了

考题。

为了维护科举考试的公平，弘治皇帝下令彻查此案，结果查无实据。也就是说，徐经和唐伯虎被人诬陷了。

不过，为了平息人们的议论，弘治皇帝下令对举报人和被举报人"各打五十大板"，此外，告状的人被降职，徐经终生不得参加科考，唐伯虎被贬为**吏**（官府中的小官或差役）。

出狱之后的唐伯虎意志消沉，从此放浪形骸，直至病逝。

徐经则闭门谢客，发愤读书，一心希望皇帝准许他再次参加考试，直到35岁时病死京城。

而这位徐经，正是徐霞客的爷爷的爷爷。

徐氏家族接下来的几代人，同样吃尽了科举的苦头。

相传徐霞客的爷爷辈中，就有好几个人因科场失意而早逝。到了徐霞客的父亲徐有勉这一辈，徐家已经完全不考虑**读书致仕**这一条路了。

徐有勉不仅自己不参加科举考试，也希望儿子放弃这种想法。

有一年，徐家被盗匪

> **读书致仕**
> 即通过读书进入官场做官。古人认为"学而优则仕"，对于绝大多数古代的人来说，读书是进入官场的唯一路径。

入室抢劫，徐有勉在与坏人搏斗时身受重伤，不久离世。当时，徐霞客只有17岁。遭遇丧父的沉重打击后，他已经完全不在意世俗的眼光，遍游"五岳"的志向更加坚定。

如果说父亲的高尚品格为他树立了榜样，那么，母亲的开明则给了他最有力的支持。

在为父亲守孝三年后，他游历天下的心开始蠢蠢欲动，但仍然为传统礼教而纠结为难：父母在，不远游。

母亲看出了儿子的心思，对他说："好男儿志在四方，怎么能因为母亲而待在家中，就像被圈在篱笆里的小鸡、被套在车辕下的马驹呢？"

有了母亲的开导，徐霞客终于在1609年开启了自己的远游。

临行前，母亲亲手缝制了"远游冠"为他壮行，并对他说："你可要好好游览，回来之后把旅途见闻仔细讲给我听。"

这么"放纵"孩子的家长还真是少见。

这种开明的思想，即使放在400多年后的今天，也是非常难得的。

更可贵的是，母亲终其一生，都在鼓励徐霞客追寻自己的梦想。

由于徐霞客不事生产，常年远游又很"烧钱"，徐家的财富不断"缩水"。

史上杰出的旅行家

　　这时候，多亏了母亲的"钞能力"。母亲织布的手艺很好，织出来的棉布像丝绸一样细密，被称为"徐家布"，在当地很受欢迎。于是，母亲开了个家庭作坊，靠这个作坊赚了不少钱，这也为徐霞客的出游提供了充足的资金。

　　后来，为照顾年事渐高的母亲，徐霞客不再规划远距离的出游。

　　为了打消儿子的顾虑，母亲说："我虽然上了年纪，但饭量不错，身体也很好，你不要惦记我。不信的话，我可以跟你一起出去旅游一次。"

　　于是，80来岁的母亲跟随徐霞客一起游览了很多地方，而且经常走在儿子前面，以表示自己身体很好。

　　第二年，母亲去世，徐霞客又守孝三年。

　　母亲去世后，徐霞客也渐渐步入了自己的晚年。他自知时日无多，便开启了人生中最后一次，也是时间最长、成果最丰硕的一次出游。他历时四年，从江苏老家出发，先后经浙江、江西、湖南、广西、贵州到达云南，留下260

多万字的游记，后来因为身体每况愈下，特别是双脚已无法站立，被丽江土司木增派人送回江苏老家。

这次远行就是著名的"万里遐征"。

一年后，徐霞客病逝于江苏老家。

又三年后，明朝土崩瓦解，清朝入主北京，改朝换代的暴风雨渐渐平息。

徐霞客避开了乱世的纷扰，以自己喜欢的方式过完了一生。

知识大串联

年号

年号是古代皇帝用来纪年的一种方式。第一个使用年号的皇帝是汉武帝。每逢有大事发生，皇帝就会改一个年号，所以一个皇帝可以有很多年号。

不过从明朝开始，一个皇帝一生只用一个年号。比如明神宗朱翊钧的年号是"万历"，他登基的第一年就是万历元年，登基的第二年就是万历二年，以此类推。

科举

科举是我国隋唐以来的官员选拔制度，根据考生的考试阶段和排名来决定当官的级别。科举考试设置之初，为封建国家培养和选拔人才发挥了积极作用。

到了明、清两代，科举考试的答题要求渐趋严格，考生必须按照"八股文"方式写作，必须遵守格式限制和字数限定，观点不得自由发挥。"八股取士"极大地限制了读书人的创造性，所产生的消极作用越来越明显。

趣味小贴士

徐霞客生平简表

◆ 万历十四年（1586）……………………………出生

◆ 万历二十九年（1601）……………………应童子试，未中

◆ 万历三十二年（1604）……………………父亲徐有勉去世

◆ 万历三十五年（1607）……………………初婚，游无锡、太湖

◆ 万历四十一年（1613）………赴浙江游洛迦山，首次游天台山并写下《游天台山日记》

◆ 崇祯七年（1634）……………………与近80岁的母亲一起出游

◆ 崇祯八年（1635）……………………母亲王孺人去世

◆ 崇祯九年至十三年（1636—1640）………万里遐征，历浙、赣、湘、桂、黔、滇6省

◆ 崇祯十四年（1641）……………………病逝于家中

读万卷书　行万里路

② 了不起的旅游日记

徐霞客的游历，不仅使他成为一名优秀的旅行家，更使他步入伟大科学家的行列。这种伟大，不仅在中国，也在全世界。

古代印书非常麻烦，且并不是谁都印得起书。以一本约20万字的书为例，雕工需要一笔一画刻出这20来万个字，预计耗费数百块木板。这还不包括编校、装订等环节。

由于雕版印刷需要大量人力、物力、财力，明朝印刷业的组织者主要是三种类型：官方，主要是政府或皇家；书坊，主要是靠卖书盈利的书商；私人，主要是想出版具有个人风格书籍的有钱人。

徐霞客所属的徐氏家族属于当地的名门望族，即便如此，他的后人也没能力将《徐霞客游记》印出来。直到徐霞客逝世135年后，《徐霞客游记》才由其同族后人雕版付印。

当我打开一套全本的《徐霞客游记》时，我意识到，它的命运跟它的作者一样神奇而坎坷——它经历了近400年的风风雨雨，才最终来到我手里。

从1613年开始，徐霞客每游览一个地方，都会在夜晚的油灯下写下当天的所见所闻。尽管时常风餐露宿、身心

俱疲，他也很少间断。

然而，在动荡的年代，书稿和人一样颠沛流离。

在西南之行途中，徐霞客的财物多次被盗，其本人也曾在湘江上遇到劫匪入船抢劫。

在此过程中，书稿已有部分遗失。

从云南东归江苏途中，他一路劳累，病情加重。回到老家后，他卧病在床，已经没有精力将游记、诗词等文稿进行编辑整理，只得托付给好友季梦良、王忠纫，族兄徐仲昭在他离世后代为整理。

季梦良不负所托，尽心尽力，到处搜集遗稿，甚至找徐霞客同行的仆人来核补一些缺失的内容，最终整理成一部完整的书稿。

但遗憾的是，这部书稿在徐家后来遭遇的"奴变"中再次变得残缺。

那是清顺治二年（1645），清朝的兵锋直指江南，徐霞客的老家江苏江阴最终没能躲过战争的蹂躏。在江南一些地区，富家大户的奴仆、佃农开始发动暴乱，打算趁机牟利。徐家作为江阴地区的大户人家，也受到"奴变"的冲击，包括徐霞客的长子和侄子在内的徐家20多口人被杀，徐家大宅被毁，《徐霞客游记》的部分原稿和手抄本也在这场暴乱中被烧毁或遗失。

后来，徐霞客的第四个儿子李寄也整理了一个版本。一些文人雅士认识到这部游记的重要性，也传抄了很多版本。

直到清乾隆四十一年（1776），徐霞客家族中的一个孙辈将自己手中的一个版本交付印刷，《徐霞客游记》才最终变成易于传播的印刷品。

我们现在所能看到的全本《徐霞客游记》，只有60多万字，而原稿据说有260多万字。也就是说，徐霞客曾在无数个夜晚一字一句写下的书稿，在岁月长河中已丢失四分之三，想想就让人心痛。

不过，这丝毫不影响《徐霞客游记》的科学价值和文学意义。

《徐霞客游记》除了是珍贵的历史文献和辞采斐然的文学作品，还是一部地理学百科。它最为人所称道的成果是其详细描述了中国南方地区的喀斯特地貌，纠正了流传千年的关于长江源头的错误说法。

在徐霞客生活的时代，知识分子往往空谈心性，越来越脱离现实。面对这种局面，一些有识之士开始主张以"实

学"取代"理学",提倡求真务实、经世致用。

徐霞客和他同时代的一些知识分子,都有意无意地受到了这种社会思潮的影响,科技著作在那个时代也相继出现。

他在进行地理考察时,尤其重视观测和实践。比如,他会钻进洞穴,甚至在窄道中爬行,以探究洞穴的奥秘;他会不顾危险,用绳索攀上岩石,以察看山川河流的走势。

在亲自探察广西、贵州和云南等地的数百个洞穴后,他详细记载了喀斯特地貌的类型和特征。

当雨水或河水流经石灰岩时,水中的二氧化碳会侵蚀石灰岩,使其发生溶解,从而形成溶洞、地下河等;当二氧化碳减少时,碳酸钙又会沉积,变成石钟乳、石柱、石笋等。徐霞客曾在地表和洞穴中看到了这种奇特的岩溶景观,也曾在临终前反复把玩岩石标本。

徐霞客对喀斯特地貌的记述和探索,比欧洲人早了100多年,在中国古代地理学史上取得了巨大成就。

除此以外，他还会察看山川湖泊的位置，还有水流的源头走向，从而验证古代经典的正确与否。

关于长江源头，战国时期的《尚书·禹贡》中写道"岷山导江"，认为长江发源于岷山。那时候，人们虽然已经知道金沙江的存在，但从未将其视为长江源头，著名地理学家郦道元也认为长江的源头就是岷江，后世的地理书也大都延续这一说法。

徐霞客经过实地考察和反复对比，认为长江的源头是金沙江而不是岷江。

这一说法虽然惊世骇俗，但确实是他通过亲身考察得出的结论。

如果说徐霞客的前期旅游主要是探奇访险，那么其后期则逐渐转变成一种有意识的科学考察。尤其是在"万里遐征"途中，他已开始深入探察一些地质地貌的特征与成因，考证一些山脉的走势和河流的源头。

也许可以这样说，正是西南之行，使他超越了单纯的游客，步入了伟大科学家的行列。这种伟大，不仅在中国，更在全世界。

> **《尚书·禹贡》**
> 《尚书·禹贡》是一部地理著作，作者不详，记载了当时中国的山脉、河流、土壤、田地、物产、道路以及各地的部落等。书中将当时的全国分为九州。

知识大串联

明末四大科技名著

《徐霞客游记》与同时代的《农政全书》《本草纲目》《天工开物》并称明末四大科技名著。

《农政全书》是一本农业科学巨著，全面总结了我国古代农业生产的先进经验、技术革新和关于农学的创新研究成果。作者是徐光启。

《本草纲目》是一部药物学巨著。作者是李时珍。

《天工开物》是一部科技巨著，对我国古代的农业和手工业生产技术进行了全面的总结。作者是宋应星。

喀斯特地貌

喀斯特地貌是一种非常独特的地貌类型。它的形成主要是由于溶蚀作用。喀斯特地貌包含的类型有地表河谷、地下洞穴、地下水系、地下湖泊、地下河流、天坑、盆地、岩溶丘陵等。世界许多著名的洞穴都位于喀斯特地区。

趣味小贴士

名字里的秘密

关于徐霞客的本名,你可能看到过"徐宏祖"和"徐弘祖"两种写法,到底哪种写法是正确的呢?

这就要说到避讳的问题了。

古代社会等级制度森严,人们在说话或写文章时,遇到长辈或社会地位高的人的名字,都不会直接说出或写出,而是改用别称或别字,以示尊重。

比如,汉武帝颁布过一封求贤诏书,东汉人在辑录这封诏书时,为了避光武帝(名刘秀)的讳,就把"秀才"改为"茂才",这封诏书也被改为《求茂才异等诏》。

又如,《徐霞客游记》被收入《四库全书》时,为了避乾隆皇帝(名爱新觉罗·弘历)的讳,"徐弘祖"被写成"徐宏祖"。因此,关于徐霞客的本名,你可能会看到"徐弘祖"和"徐宏祖"两种写法,并不矛盾。

读万卷书　行万里路

3 游记开篇地
——天台山

◇ 时间：万历四十一年（1613）
◇ 地点：天台山（浙江省台州市）
◇ 主要人物：徐霞客、莲舟、两个仆人

万历四十一年（1613），徐霞客游浙江，先到普陀山，后循海路（据考证）经宁海向西，第一次游天台山，写下《游天台山日记》，后继续南下游雁荡山。明崇祯五年（1632），徐霞客又连续两次游天台山，写成《游天台山日记后》。

徐霞客游览过的国清寺、华顶峰、明岩、寒岩、琼台、石梁、赤城等，今天仍然是天台山的重要景点。

中国的"天台山"有很多，比如山东日照天台山、四川邛崃天台山、河南信阳天台山、贵州平坝天台山，但人们通常所说的"天台山"，特指浙江天台山。

万历四十一年（1613）三月（农历，全书同）的最后一天，徐霞客从浙江宁海县城的西门出发，一路向天台县城走去。

当天晚上，他在日记中写道："云散日朗，人意山光，俱有喜态。"意思是说：天空中阴云散尽，阳光明

媚，人的心情和山间的风光，都有喜悦之态。

在明媚的春光中，兴致盎然的徐霞客联想到，此时此刻，自然界的山水一定也像人一样异常兴奋，要不然怎么会这么秀丽呢！

他去过烟波浩渺的太湖，也曾登顶巍峨高耸的泰山，天台山之旅并不是他的第一次出游，但却是他第一次把出游途中的见闻写下来。

从那天起，徐霞客就打算写旅游日记。

他或许已隐隐约约意识到，这种记录将会让他的出游变得更加有意义。

说到记录，古代人和现代人一样，都喜欢在游览名胜之后留下自己的记录。不同的是，现代人喜欢拍照、拍视频，而古代人则喜欢留下诗赋文章。东

> **赋**
>
> 赋最初是一种口头文学。"不歌而诵谓之赋"，即不用音乐伴奏歌唱，只用口头诵读就叫作"赋"，相当于今天的朗诵。赋后来演变成一种文体，是韵文和散文的综合体。

晋人孙绰就写过有名的《游天台山赋》，描述了天台山的赤城、琼台等景点。

非常熟悉前人游记和地理书籍的徐霞客，怎会不知道这篇流传千年的文章呢？

天台山，徐霞客早已魂牵梦绕！

这次跟徐霞客一起出游的，有江阴迎福寺的僧人莲舟以及两个仆人，还有临时雇用的挑夫。

一行人走到宁海县和天台县交界处的梁隍山（今作梁皇山），天台山已经隐隐在望。眼见太阳还高高挂在天上，徐霞客打算一鼓作气走到天台山脚下再做休整。

这时候，一个当地村民提醒他们："从这里到天台山，还有很长的山路要走，如果天黑之前走不出去，你们就会遇到危险。山上最近有老虎出没，每月要伤害几十个人，你们最好趁白天赶路。"

听了这番话，他们有些后怕：幸亏有好心人提醒，要不然几个人可能就成老虎的晚餐了。于是，他们在梁隍山留宿了一晚。

第二天一早，天空中飘起了绵绵细雨，他们开始冒雨赶路。

在一个名叫"筋竹庵"的地方吃饭时，他们碰到一名僧人。僧人看出他们是来旅游的，就主动上前去搭话："我是天台山国清寺的僧人，法号"云峰"。徐施主和莲舟上人带着行李行走不方便，可以让挑夫沿大路将行李挑到国清寺，你们先游览石梁方向的风景，之后再和挑夫到国清寺碰头。"徐霞客说道："这样再好不过了。"于是，主仆开始分头行动。

徐霞客和莲舟走到半路上，看见上下都是高高的山岭，深山荒凉寂静。原来，当地人为了让老虎没有藏身之地，故意将草木都烧掉了。看来老虎伤人的传言是真的！

接下来，他们夜宿弥陀庵、天封寺，登上天台山华顶峰，之后又游览了石梁飞瀑、国清寺、明岩、寒岩、赤城等，一行人将天台山叫得上名字的景点游了个遍。

给徐霞客留下深刻印象的当然是石梁飞瀑！

徐霞客从上方广寺、昙花寺、下方广寺、仙筏桥等多方位去欣赏石梁飞瀑，总也看不够，简直着了迷，兴奋得睡不着觉。

石梁像一座桥，那么是不是可以从桥上走过去呢？当然不是。

石梁跟山石是一体的，其中一头没有路，根本走不过

去。当地人有句口头禅:"走过石梁不算慧,倒死石梁无人害。"意思是说:即使走过石梁,也没人觉得你厉害;如果不小心摔下去,那是你活该。

不过,徐霞客决定大胆一试。他爬上湿滑的石梁,往下望去,但见飞瀑在深涧中急速坠落,顿时感到毛骨悚然,不敢多做停留。

直到今天,石梁仍是天台山的险要之地。据说现在景区已经加了栏杆,并禁止游客走上石梁。徐霞客的探险精神固然值得我们学习,但在外出旅游时,我们首先要做的是保证自己的安全。

在山风凛凛的华顶峰上,徐霞客看到荒草杂树挂满了冰霜,玲珑剔透,一望无边。

在千年古刹国清寺,他观摩了历代文人雅士的墨宝,想起了智者大师创立天台宗的事迹。

在明岩和寒岩,他找到了寒山、拾得隐居的山洞,洞中仿佛回荡着两位高僧的谈笑声。

在赤城山,他看到了像晚霞一样红的山色,想起了李白的著名诗句"天姥连天向天横,势拔五岳掩赤城"。

……………

天台山的这些景致，给徐霞客留下了深刻印象，赢得了他一生的钟爱。

明崇祯五年（1632），徐霞客回忆起天台山，还是意犹未尽，于是打算重游天台山。那年三月，他与族兄徐仲昭一起出发，二游天台山。

紧接着，在重游雁荡山之后，他再次折回，三游了天台山。

其实，不光徐霞客对天台山如此情有独钟，早在唐代，李白、杜甫、王维、孟浩然等多位诗人，也都钟情于天台山。可以这么说，凡是你叫得出名字的唐代诗人，绝大多数都有关于天台山的诗作传世，难怪有人说"一座天台山，半部全唐诗"。

考你一下：你能想到哪些关于天台山的唐诗呢？

知识大串联

中国旅游日的由来

徐霞客在《游天台山日记》开篇中写道"癸丑之三月晦"（"晦"指农历每月的末一天），这一天是明代万历四十一年的三月三十日，相当于1613年5月19日。

徐霞客是中国历史上最有名的旅行家，被尊为"游圣"，我国在2011年3月30日将5月19日定为"中国旅游日"。

趣味小贴士

寒山与拾得的故事

寒岩洞是唐朝僧人寒山的隐居地，相传他与国清寺僧人拾得经常谈诗论道，二人并称为"寒拾"。寒山曾出走苏州，其居住的"妙利普明塔院"后改名为"寒山寺"。

寒山曾问拾得："世间有谤我、欺我、辱我、笑我、轻我、贱我、恶我、骗我，如何处治乎？"

拾得回答："只是忍他、让他、由他、避他、耐他、敬他、不要理他，再待几年你且看他。"

原文赏析

【原文节选】

复①上至太白,循②路登绝顶。荒草靡靡,山高风冽,草上结霜高寸许,而四山回映,琪花玉树,玲珑弥③望。岭角山花盛开,顶上反不吐色,盖④为高寒所勒耳⑤。

【注释】

①复:再次,重新。②循:顺着,沿着。③弥:广大。④盖:大概。⑤耳:语气词,相当于"吧"。

【参考译文】

于是重新往上走,来到太白庵,然后顺着山路登上天台山的绝顶华顶峰。峰顶上,四处的荒草被劲风吹得纷纷倒伏,峰高因而寒风凛冽,草上结的霜有一寸多厚;而峰下四周的山峦上,美丽的鲜花与碧玉般的绿树,远远望去,玲珑剔透,一望无际。山脚下山花盛开,峰顶上反而不开花,大概是被高处寒冷的气候限制了吧。

天台山上层层叠叠的瀑布

读万卷书　行万里路

❹ 登顶雁荡山

◇ 时间：万历四十一年（1613）
◇ 地点：雁荡山（浙江省东南部）
◇ 主要人物：徐霞客、莲舟、两个仆人

雁荡山位于浙江省东南部，与天台山相去不远，徐霞客每次游完天台山，都会游一次雁荡山。所以，跟天台山一样，他一生也游历了三次雁荡山。

雁荡山分南、北两山：南雁荡山在平阳县西，主峰九峰尖；北雁荡山在乐清市境内，以山水奇秀闻名。名胜多集中于北雁荡山，人们常说的雁荡山主要是指北雁荡山。

雁荡山的著名风景有"雁荡三绝"（灵峰、灵岩、大龙湫）、雁湖、显胜门，这些都见诸徐霞客的游记；另外，还有徐霞客三过而未入的三折瀑，以及近些年新开发的仙桥景区和羊角洞景区。

告别天台山后，徐霞客一行于四月初十到达黄岩县（现为浙江省台州市黄岩区）。虽然太阳已经西下，但为了赶路，他们又出县城南门外三十里后，才找了一个地方住宿。

十一日清晨，徐霞客一行人终于开始了雁荡山之旅。

在徐霞客的时代，雁荡山早已名闻天下。北宋科学家、政治家沈括曾在《梦溪笔谈》中赞道："温州雁荡

山，天下奇秀。"

说到"雁荡山"这个名字，也是大有来头。"雁"当然是指大雁，"荡"是指有积水又长满草的洼地。据说，雁荡山西部的一个山峰顶部有一汪湖水，南归的大雁每年都会栖息在湖边，这个湖于是就被叫作"雁湖"，整个山脉就被叫作"雁荡山"。

山上有湖，并不稀奇。我们从小就听说过长白山天池这样的高山湖泊，但在徐霞客的时代，人们认为山顶上有湖是一件很神奇的事情。徐霞客也因此而下决心要对雁湖一探究竟。

说回正题。徐霞客一行人登上盘山岭后，雁荡山的很多山峰已经能被尽收眼底。它们像芙蓉花瓣一样秀美，却又直插云霄、异常险峻，仿佛扑面而来，给人极

《梦溪笔谈》

《梦溪笔谈》是北宋科学家、政治家沈括所撰写的一部综合性笔记体著作，囊括了中国古代特别是北宋时期的自然科学、工艺技术及社会历史现象。

强的压迫感。

这趟旅程开始于"雁荡三绝"之一——灵峰。

灵峰的山峰,形状奇特,千姿百态,有的像用刀削出来的一样,有的像簇拥在一起的花朵,有的像并立的竹笋,有的像直立的毛笔,有的如挺拔的灵芝,有的像头巾一样斜披着。最有名的是合掌峰。两座山峰拔地而起,中间有空隙,山顶部位又合拢在一起,像一个人轻轻合在一起的两个手掌。

在两座山峰底部的空隙中,有一个狭长的山洞,徐霞客称之为"灵峰洞",也就是现在的观音洞。洞内建有约十层楼台,沿台阶上去,是一个圆形的平台,平台中间有很多罗汉像,站在平台上向外望去,又是另一种景致。

现如今,灵峰景区推出了夜游项目。姿态万千的众多山峰,在夜晚的灯光下,就像换了身份,以天为幕、以地为台,重新粉墨登场,演绎出另一种风情。

徐霞客大概不会想到,400余年后的现代人在欣赏自然美景时,开辟了全新的时空维度。

从灵峰景区沿山麓西行,不久就可以到达"雁荡三绝"之二——灵岩。

进入灵岩景区,迎面而来的就是屏霞嶂。所谓"屏霞嶂",顾名思义,这是一面像天然屏风一样的巨大岩壁。屏霞嶂前的主要建筑是灵岩禅寺,前面有展旗峰、天柱峰

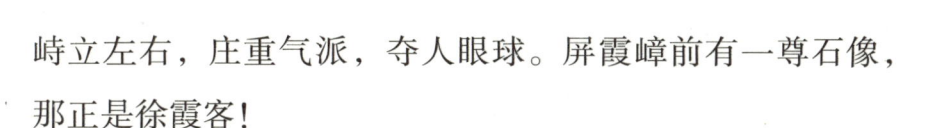

峙立左右，庄重气派，夺人眼球。屏霞嶂前有一尊石像，那正是徐霞客！

沿着山路继续上行，会经过龙鼻洞、独秀峰、卓笔峰、小龙**湫**（水池，水潭）等，一路上多的是象形石，你尽可以根据山峰的形状放飞想象。

如今，这条路上修了一段玻璃栈道，天柱峰和展旗峰之间还悬上了绳索，有人还在绳索上进行"灵岩飞渡"的杂技表演。

徐霞客曾说，雁荡山悬崖绝壁，上下都没有路，不用绳索悬缒是不能飞度过去的。看来，现代人做到了。

小龙湫之上，还有一个看似充满古意实则非常现代的景点——断肠崖。据说电视剧《神雕侠侣》曾在此取景，这是小龙女纵身跳下的地方。

既然有小龙湫，一定也有大龙湫。是的，作为"雁荡三绝"之三的大龙湫，还在灵岩的西面。

在山壁环绕之下，一条飞瀑从崖上坠下，崖下水潭清澈见底，这正是大龙湫。清代诗人袁枚曾写有《大龙湫之瀑》：

> 龙湫之势高绝天，一线瀑走兜罗绵。
> 五丈收上尚是水，十丈以下全以烟。
> 况复百丈至千丈，水云烟雾难分焉。

因为大龙湫落差近200米，所以从不同位置观看，所得完全不同。有人会说它像一道白练，有人会说它像一阵烟雾。在雨水少的季节，大约会更缥缈；而在雨水多的季节，大约会更雄壮。

总之，大龙湫值得一看再看。

看过了"雁荡三绝"，徐霞客还有一个心愿未了，那就是找到雁湖。

这是一段异常艰险的旅程。他与莲舟和两个仆人，在一个小和尚的引导下，向雁荡山西部的山峰挺进。走到半路上，莲舟疲惫不堪，打了退堂鼓，从原路返回。徐霞客则和两个仆人继续前进。

走着走着，山峰越来越尖，道路越来越险，他们想从原路退回去，可是已经非常难了。于是，三个人只好硬着头皮继续前进。走到一个类似悬崖的地方，他们发现石壁下有一个平台可以落脚，于是徐霞客命令仆人解下裹脚布凌空垂下，先让一个仆人顺着布条下去，自己则第二个下去。本以为下到平台上可以找下攀援的路，谁知道平台上

仅能容得下两个人的脚，而平台下是百丈深渊。两个人只好试着抓着布条原路返回。

谁料布条竟被凸出来的石头勒住磨断了！他们只好把布条接上又悬垂下来，竭尽全力挽着布条腾跃。终于，他们再次回到了上面的岩石。

看看身上，三个人的衣服和鞋子都被磨破了，非常狼狈。他们怏怏而返，没有心思再寻找雁湖了。

多年后，徐霞客和族兄徐仲昭第三次游完天台山之后，顺便去临海拜访好友陈函辉。聚餐的时候，陈函辉问徐霞客："你到没到过雁湖？"不知道陈函辉这一问是故意的还是无意的，总之让徐霞客心生惭愧：我素来以好游出名，也喜欢给人讲述旅游途中的见闻，却至今没到过雁湖，实在不应该。

第二天，天蒙蒙亮，徐霞客就收拾好了行李，叫醒熟睡中的老朋友并说道："我这就去找雁湖，回来跟你讲。"

之后，徐霞客三上雁荡山，终于找到了雁湖。

他发现，《大明一统志》中所说的大龙湫的源头是雁湖，这种说法是错的。

知识大串联

中国著名大瀑布

大龙湫瀑布与黄果树瀑布、黄河壶口瀑布、吊水楼瀑布均为中国著名大瀑布。其中，大龙湫瀑布落差190多米，是中国最高的瀑布，享有"天下第一瀑"之誉。

谢公屐的故事

南朝宋诗人谢灵运喜欢游山，于是发明了一种专门用于登山的木鞋。鞋底装有两个木齿，上山时去前齿、留后齿，下山时去后齿、留前齿，以方便走山路。谢灵运做永嘉太守时，曾遍历此地山水，应当到过雁荡山，附近的谢公岭就是为纪念谢灵运命名的。

趣|味|小|贴|士

大雁南飞，到底飞到哪里？

　　雁荡山的名字跟大雁南飞的现象有关。古人发现，大雁是一种候鸟，入冬就飞往南方，开春就飞往北方，喜欢在长草的水泽边落脚。古人还发现，大雁最南到达衡阳，最北到达雁门关。因此，衡阳自古有"雁城"之称，古人有"塞下秋来风景异，衡阳雁去无留意"的诗句。

　　实际上，大雁向南完全可以飞到衡阳以南，向北可以飞至西伯利亚。之所以有"南至衡阳、北至雁门关"的说法，是缘于当时人们认识的局限。

原文赏析

【原文节选】

坐顷之①，下山。由右麓逾②谢公岭，渡一涧，循涧西行，即灵峰道也。一转山腋，两壁峭立亘天，危峰乱叠，如削，如攒，如骈笋，如挺芝，如笔之卓，如幞之欹。洞口如卷幕者，潭有碧如澄靛者。

【注释】

①顷之：不一会儿。②逾：跨越。

【参考译文】

坐下来休息了一会儿，下山。从右侧的山麓越过谢公岭，渡过一条山涧，沿着山涧岸向西走，就是前往灵峰的路了。刚一转到山侧，就看到两侧的崖壁峭立，横亘在天际，险峰杂乱重叠，形态各异，有的像用刀削出的一般，有的如攒聚的花丛，有的则像并立的竹笋，有的如挺拔的灵芝，有的如笔一样直立，有的像头巾一般斜披着。山洞洞口有像卷起的帷帐的，潭水有碧绿得像是澄澈的蓝靛一样的。

读万卷书　行万里路

寻仙齐云山

⑤

◇ 时间：万历四十四年（1616）
◇ 地点：齐云山（安徽省南部）
◇ 主要人物：徐霞客、叔公、仆人

齐云山古称"白岳",位于安徽省黄山市休宁县,因为与闻名天下的黄山南北相对、相隔不远,所以常被认为抢了风头。

万历四十四年(1616),徐霞客因雪受阻,从正月二十六日出休宁县西门,至二月初一都在齐云山上,之后下山,北上游黄山。

万历四十六年(1618),徐霞客再次游齐云山,未留下日记。

横江自西北向东南穿过安徽省休宁县,齐云山就在横江南岸。

正月二十六日,徐霞客和叔公、仆人一行顺着横江逆流而上,至南渡过桥,到达横江南岸;然后冒着风雪,沿山下的小路继续前行,到达岩脚;之后顺着现在的九里十三亭(为方便游人休息,明朝时在九里的路途上建有十三

个亭子；这条路现在也被称为"霞客古道")一路上山，登至月华街，入住榔梅庵（现为榔梅苑）。

当天晚上，徐霞客独自躺在山房中，辗转反侧睡不着。一是因为房檐上的滴水声打扰了他入睡；二是因为叔公和仆人在半路上掉队了，不知道他们在哪里住宿，心里很是牵挂。

第二天起床后，他看见外面一片白雪皑皑，满眼的冰花玉树构成了一个白色的世界，非常好看。

正在山房中看雪景时，他望见叔公和仆人姗姗来迟的身影，这才放下心来。

虽然大雪封山，但徐霞客不想浪费时间，更何况，面对如此壮观的景致，怎能闭门不出？于是徐霞客一行人向西就近游了太素宫、文昌阁、舍身崖，又远眺了香炉峰、紫霄崖、五老峰等。

太素宫内供奉着玄帝像，据说它是用百鸟衔来的泥土塑成

的，所以脸色黧黑。

太素宫前不远处就是香炉峰。香炉峰是一个独立的山峰，像下覆的铜钟，峰顶建有亭子。因为山陡路滑，徐霞客没有过去。他在当天的日记中写道："未游台、宕者或奇之。"意思是说：没有游过天台山和雁荡山的人，或许会觉得它（香炉峰）很奇异。看来不完全是因为天气的原因，在见多识广的徐霞客看来，香炉峰也不是非去不可。

之后，他们又回到榔梅庵，逆着二十六日晚上上山的路，向东游了传说中的天门（现为一天门）、珠帘水、罗汉洞（现为真仙洞）等景点。

这里要补充介绍一下齐云山各个景点的方位。

在文昌阁和五老峰附近有一个西天门（现为紫云关），如果以西天门为界，则徐霞客二十七日所游景点都在东部，而徐霞客住宿的榔梅庵正在东部诸景点的中点。

榔梅庵一带现在是一个建筑群，道教宫观遍布其间，徽派民居错落有致。有一条街位于齐云山的半山腰，并且形状如一弯新月，被称为"月华天街"。

西天门以西，有石板岩、棋盘石、观音岩、龙井等西部景点。

东部景点整体比较紧凑，即使山上积雪很厚，也仅用了一天就游完了。

西部景点不好走，于是，徐霞客找了道士汪伯化当向导，约好第二天一起向西。

二十八日清晨，徐霞客在睡梦中隐约听到有人说下大雪了，于是命令仆人起床去看情况。在床上赖到九、十点钟，徐霞客穿上更便于走雪路的木头鞋，跟汪伯化一起上路了。他们再次来到文昌阁，眼见无法前行，只得就近看了一天雪景。

二十九日清晨，仆人报告说："雪停了，太阳出来了！"于是徐霞客赶紧穿上衣服，催促汪伯化一起吃饭，打算再向西去。

谁能想到，刚吃过饭，大雪又来临，几个人只能在榔梅庵附近活动。

闲来无聊，徐霞客跟另一个叫程振华的道士攀谈起来，道士给他讲述了西部的众多景致。

三十日，天公又不作美。不仅雪越下越大，还有浓雾弥漫山间，近在咫尺都分辨不出东西，看来又是不宜出行。还好汪伯化带了酒，于是几个人一起到舍身崖附近饮酒畅聊。

二月初一，天终于放晴了。不幸的是，由于天寒地冻，叔公的脚被冻裂了，只能留在庵中。而徐霞客和汪伯化一路向西，几乎将齐云山游了个遍。

眼看天色已晚，汪伯化催促徐霞客赶紧去找最后一处景点——大龙井。这时候，正好有一个从黄山来的僧人路过，听见了他们的对话，就说："再往前走，就是大溪口了，前面什么都没有了，你们还去找什么？"

于是，他们返回了榔梅庵。晚上，几个人互相追述白天走过的路程，才知道大龙井正在大溪口，脚步已经走到，却被僧人阻止了，也算是天意吧！

徐霞客住宿的地方叫"榔梅庵"，顾名思义，庵内种着一种叫"榔梅"的果树。那么，榔梅究竟是榔还是梅呢？据说，榔梅似李非李、似杏非杏、似桃非桃、似梅非梅，吃起来非常甜，是一种非常神奇的水果。关于榔梅的故事，神奇而久远，让我们跟随徐霞客的脚步，之后慢慢揭开它的神秘面纱吧！

趣味小贴士

我国的道教名山

俗语有"天下名山道占多"。很多名山都是道家修炼之地,当然也有很多山是因为道教兴盛而出名的。我国著名的道教名山有安徽齐云山、湖北武当山、四川青城山、江西龙虎山等。

知识大串联

如何区分是道教名山还是佛教名山?

绝大多数名山大川,不归佛教,即归道教。徐霞客出游,经常在寺庙、道观住宿,有赖僧人、道士帮忙。

判断一座山是道教名山还是佛教名山,主要看山上的建筑物和文化标识,有些名山只居其一,有些名山则佛、道兼有。一般来说,寺、院、庵是佛教建筑,宫、观、庙、祠是道教建筑。

齐云山风光

读万卷书　行万里路

6 雪中登黄山

◇ 时间：万历四十四年（1616）
◇ 地点：黄山（安徽省南部）
◇ 主要人物：徐霞客、叔公、仆人

万历四十四年（1616），徐霞客游完齐云山之后，北上到达黄山。又因为大雪封山，一行人在黄山盘桓九天后，由原路下山，之后南下福建游武夷山。

连绵的雨雪让这趟齐云山—黄山之旅异常艰险，不过也让徐霞客看到了常人看不到的风景。

万历四十六年（1618），徐霞客在游完江西庐山之后，再次进入安徽境内，二游齐云山和黄山，完成了登顶天都、莲花二峰的壮举。

随着时间的流逝，黄山的景点有增益，也有湮灭。很多景点名称也有变化，已不可考。

从齐云山下来，徐霞客一行人一路北上，奔黄山而去。

二月初三，在一个砍柴人的带领下，他们翻山越岭，经过江村（现为岗村），到达汤口。汤口位于黄山南缘的公路边，是进入黄山的门户。

虽然还在山下，但"黄山四绝"之一的温泉已近在眼前了。

温泉在哪儿呢？就在汤口！

"汤"本意是热水，因为温泉四季常温，所以"汤"也指温泉。这里的"汤口"，顾名思义，应是指温泉的出水口。

当时，天上飘着雪，路上的积雪就快没过脚掌了。于是，他们在祥符寺（现在仅剩遗址，大约在今黄山管理处礼堂附近）落脚。

既然温泉近在咫尺，他们当然要去看一看。而且，在天寒地冻的天气里泡个温泉，再好不过。

想象一下：水面之下，温热的泉水熨帖着身心；水面之上，大雪纷飞犹如撒向浴池的花瓣。好不神奇！好不惬意！

洗去一身的尘劳和倦意后，他们又在祥符寺僧人挥印的带领下，就近游了莲花庵。

二月初四，徐霞客在日记中仅写下一句绝美的话："兀坐听雪溜竟日。"意思是：静坐了一整天，听积雪滑落的声音。

也许是"将登太行雪满山"，本来规划好了紧凑的行

程，却在进入安徽后被风雪一再阻滞，心中焦急却不得不停下脚步。

也许是由自己的"行路难"想到了山下的动荡局势和民生之艰，不免心有戚戚。

也许是连日的奔波让人有些疲乏，突然就哪儿都不想去了，只想放空一下。

总之，他就那么孤独地坐了一天，仿佛被时光遗忘。

二月初五，天气寒冷，浓云密布，他在床上窝到中午才起床。听僧人挥印说慈光寺（现为慈光阁）就在附近，他于是想去看一下，挥印于是让徒弟给他们做向导。

走了不一会儿，他们就听到寺中的钟磬声，看到袅袅升起的香烟。寺里的和尚对徐霞客说："上山的路已经被大雪封住近两个月了。今天早上我们派人往山上送粮食，因为积雪没过腰部，送粮的人走到半路就回来了。"徐霞客一听，兴致大减，于是返回祥符寺，拉过被子，倒头又睡。

二月初六，天气终于转晴了！徐霞客找了一位向导带他们上山。为防止山陡路滑，他们一人拄着一根竹杖。过了慈光寺，继续往上。石阶被雪覆盖着，宛如白玉。在白茸茸稀疏的树木丛中，只见群峰环绕，天都峰傲立其中。

又走了几里路，石阶越来越陡，积雪越来越厚，石阶背阴的地方已经被冻成厚厚的冰。徐霞客走在最前面，用竹杖凿冰。每凿出一个孔，就把一只脚放进去，再凿出一个孔，就把后面一只脚放进去，后面的人陆续跟上，就这样一行人来到一处平缓的山冈，莲花峰、云门峰各座山峰就在附近。

突然，松石交相辉映之间出现了一群僧人，寒暄中得知他们被困在山上已经三个多月了，今天因为要去找粮食才勉强来到这里。他们对徐霞客的登山技术感到惊讶，还告诉徐霞客，因为缺粮，前海各个寺院的僧人都已经下山了，去后海的路还没有通，只有到莲花洞的路可以走。

不过，徐霞客可没有被困难吓倒，而是继续向光明顶走去。

一行人往北上上下下好几次，终于来到观景平台——平天矼（gāng）。平天矼上突兀高耸的地方就是光明顶。

这里要简单介绍一下黄山各个景点的位置。黄山景区按四个方位分为四个区域：前海（南海），后海（北海），西海，东海。

徐霞客之前的活动区域就是前海，以光明顶、平天矼为界，再往北就是后海（松谷景区方向），西海是松林峰、排云亭一带，东海是云谷寺（丞相原）方向。

　　由于黄山的主要景点大体呈南北分布，为方便理解，你可以仅关注前海和后海的分界。

　　明明是山，为什么要以"海"相称呢？因为黄山经常有云，黄山的云非常像水，时而流动，时而静止，时而翻涌，时而下泻。这就是"黄山四绝"之一——云海的由来。

　　说回正题。徐霞客一行在平天矼附近的寺庵吃了点东西，又一路向北，进入一座寺庵，名叫"狮子林"。在狮子林住持僧人霞光的指点下，他们又去了接引崖（应为现在的始信峰）和石笋矼。

　　走下山峰，一行人见霞光洒满山林，徐霞客据此判断第二天应该就是晴天，于是开心地返回狮子林。喝茶的间隙，霞光和尚带徐霞客登楼远眺，但见西边有一道碧绿色的痕迹，徐霞客怀疑是余晖中山峰的影子。而霞光和尚却反驳道："如果是山的影子，夜里望过去会很近，这应该是云气。"徐霞客低头不语，又不开心了，因为他知道这是下雨的征兆。

二月初七，虽没有下雨，但四周浓雾闭合，看来徐霞客判断错了。不一会儿，雾气散开，狮子峰开始显现出来。吃过早饭，他们踩着厚厚的积雪，从接引崖下来，陆续游玩了僧坐石、仙人榜、鲤鱼石、白龙池，后到达松谷庵，沿着一条溪水继续往下走。溪边梅花已开，阵阵花香令人陶醉。晚上，一行人到松谷庵住宿。

二月初八，徐霞客本来计划再去石笋矼，奈何天公不作美，抵达狮子林时，雾越来越大，他们迷失了方向。幸运的是，混乱中他们看到一个寺庵，刚进去就下起了大雨，他们只能在此躲雨。由于雨下不停，当晚他们只能留宿寺庵。

二月初九，直到中午，天才放晴，寺中的慈明和尚推荐徐霞客去西南方向游玩，于是徐霞客和叔公一同前往。没玩多久，天又下起雨来，他们只好返回寺内。

二月初十，大雨倾盆，到中午才稍稍停歇。徐霞客再次出发，路过飞来石，到达炼丹台（大约在炼丹峰、光明顶附近，有人考证后认为就在平天矼），后绕出平天矼往

下走。在雨中，一行人返回寺内住宿。

二月十一日，他们经过百步云梯，被吓得够呛，之后踏上去莲花峰的路，返回黄山南麓。在山下，他们又泡了温泉，也算有始有终。

雪中游黄山固然能看到别人看不到的风景，却也给徐霞客留下了最大的遗憾：因为大雪封山，没能登上莲花峰和天都峰。

两年之后，徐霞客于金秋时节重游黄山，终于登上了莲花、天都二峰。下望群峰，有时露出来像碧绿的山尖，有时被雾淹没了，像一片银海；再远眺山下，日光晶莹闪亮，别有一番天地。

他还发现，与惯常说法不同，天都峰并非黄山第一高峰，莲花峰才是。

这一判断与今天的测量结果完全一致。

两峰海拔仅相差50多米，而徐霞客的目测真像尺子一样精准！

知识大串联

"三山"指的是什么？

我国传统文化中的"三山"，源于远古时候的美丽传说。相传在遥远的东海上有蓬莱、方丈、瀛洲三山，是神仙们居住的地方。当然，这只是传说，并不是真的存在这样三座仙山。

后来，人们为了延续"三山"的说法，就把安徽的黄山、江西的庐山和浙江的雁荡山这三座历史悠久、风景迷人的山合称为"三山"。

趣味小贴士

"五岳归来不看山，黄山归来不看岳"是徐霞客说的吗？

清康熙十八年（1679）左右的《黄山志定本》曾转述徐霞客的一句话"薄海内外无如徽之黄山，登黄山而后天下无山，观止矣"。有人据此认为"五岳归来不看山，黄山归来不看岳"句是由这句转述引申而来的，但这句转述的可靠性无法考证。黄山胜过"五岳"的评价可能在徐霞客之前就有，而徐霞客也可能只是说过类似的话。

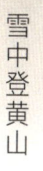

原文赏析

【原文节选】

独上天都,予至其前,则雾徙于后;予越其右,则雾出于左。其松犹有曲挺纵横者;柏虽大干如臂,无不平贴石上,如苔藓然。山高风巨,雾气去来无定。下盼诸峰,时出为碧峤①,时没为银海。再眺山下,则日光晶晶,别一区宇②也。

【注释】

①碧峤(jiào):青山。峤,尖而高的山。②区宇:区域,世界。

【参考译文】

唯独在天都峰上,我走到浓雾的前面,浓雾就移动到我后面去了;我走到浓雾的右边,浓雾就出现在我的左边。峰顶上还有松树,或弯曲,或挺拔;柏树虽然大枝干粗如手臂,(可是)都平贴在石上,好像苔藓一样。山高风大,雾气来去不定。往下看各个山峰,时而呈现碧绿的山尖,时而被浓雾笼罩成银色的海洋一般。再远望山下,阳光明亮,就像是另外的一个区域。

黄山景点——猴子观海

日出之际的黄山

读万卷书　行万里路

7 览胜武夷山

- ◇ 时间：万历四十四年（1616）
- ◇ 地点：武夷山（福建省北部）
- ◇ 主要人物：徐霞客、叔公、仆人

万历四十四年（1616）二月十一日，游完黄山之后，徐霞客一行人沿陆路南下，经江西上饶市进入福建武夷山市，坐船沿武夷山东侧的崇阳溪南下，后向西转入九曲溪，开启了武夷山三日游。

九曲溪横贯武夷山南部，自西向东汇入崇阳溪。逆流而上，分别是一曲到九曲；也可以顺流而下进行游览。坐船览胜成为游玩武夷山的一大特色。

武夷山众多景点的名称至今大体无变化。

徐霞客一行人从安徽黄山出发，一路上马不停蹄，于二月二十一日到达崇安县城（现为福建省武夷山市）。

武夷山脉大体呈南北走向，横亘在福建省西北部和江西省东南部。

有两条小溪分别从西北和东北方向流至崇安县城，在城南汇入崇阳溪。

武夷山风景区就在崇阳溪的西岸。

徐霞客非常熟悉方志和各种游记，自然也明白，游武夷山的最好方式就是坐船溯九曲溪而上。

南宋儒学大师朱熹的《九曲棹歌》就说尽了九曲溪两岸的美景，宛如一幅流动的长卷画作。

他们在城南租了一条小船，船夫划动双桨，沿崇阳溪一路南下。走了约三十里水路，他们便看到一座山峰斜斜地横着，又一座山峰独自耸立。原来，斜斜的山峰是幔亭峰，独自耸立的山峰是大王峰，再往前就是九曲溪（也称武夷溪）了。

徐霞客抑制住上岸游览的冲动，让船夫右行进入九曲溪，开始了一曲的游览。

身处一曲，抬头望去，幔亭峰和大王峰耸立在右岸，狮子峰、观音岩耸立在左岸。

到了二曲，右岸为铁板嶂、翰墨岩，左岸为兜鍪峰、玉女峰。

到了三曲，右岸为会仙岩，左岸为小藏峰和大藏峰。

徐霞客看到大藏峰的悬崖峭壁上有很多石孔，孔里凌乱地插着一些木板，木板上安放着一个个"架壑舟"。

"架壑舟"是什么呢？其实就是棺材。

棺材里装的是什么？当然是尸体。

此情此景，难免让人好奇又惊惧。

据说这是当地的一种古老的葬具，距今已有3000多年的历史了。

至于木棺是怎么被放到悬崖峭壁上的，考古专家有很多种说法。

你如果对此感到好奇，可以仔细研究一下。

到了四曲，左岸为鸡栖岩、晏仙岩，右岸为钓鱼台、希真岩。

到了五曲，视野突然变得开阔，一块平旷的绿洲出现在眼前。

再往前走，武夷山最美的风景就会陆续铺展开来。左岸是更衣台、天柱峰，右岸是大隐屏、接笋峰。大隐屏下正是文公书院（现为紫阳书院）。

到了六曲，左岸是晚对峰、响声岩，右岸是仙掌岩、天游峰。

六曲是九曲中距离最短的一段水路，但两岸风景却是最美的。徐霞客一行人决定在这里上岸，好好地游览一下。

他们从右岸登陆，蜷着身子挤过云窝石，绕过接笋峰，经过茶洞，依次游览了仙掌台、天游峰、大隐屏等。

站在天游峰上,徐霞客留下了自己的传世名句:"其不临溪而能尽九溪之胜,此峰固应第一也。"意思是:不临近九曲溪而能够尽览九曲溪的优美景色的,天游峰肯定是第一了。

眼看天色已晚,他们就返回船上过夜。

二月二十二日,徐霞客一早便登上岸边,到仙掌岩转了转,然后沿溪流的右岸向七曲挺进。

七曲附近是天壶峰和武夷山的第一高峰——三仰峰。

三仰峰下的小桃源风景秀丽,自然也逃不过他们的眼睛。这里屋舍俨然、土地平旷,有桃树,有竹林,像极了陶渊明笔下的桃花源,故此得名。

走过北廊岩、天壶峰、城高岩,一行人已到八曲附近。

八曲右岸是鼓楼岩、鼓子岩,左岸是大㢊石、海蚱石。

游过鼓子岩、三教峰，他们又登上了灵峰（现为白云岩），灵峰已属九曲。

游完九曲，他们坐船顺流而下。船过七曲，他们又经由云窝游览了茶洞，并到文公书院拜谒了朱熹像。

上船后，一行人继续顺流而下，到四曲后，登陆南岸。

上岸后，徐霞客想去登玉女峰，而叔公和仆人则在峰下休息。对于附近景点，徐霞客也是能游尽游。

就这样，他们时而舟行、时而陆行，且游且停，一路返回一曲。

徐霞客让船夫在溪口（九曲溪汇入崇阳溪的地方）等候，自己又和叔公等人去东北方向游览，依次到达止止庵、幔亭峰、万年宫、会真庙。

游至天黑，一行人返回船中过夜。

二月二十三日，徐霞客让船夫把船从九曲溪划至崇阳溪西岸的赤石街等候，自己则与叔公、仆人一行人继续游览东北方向，先后游览了三姑峰、换骨岩、水帘洞，将武夷山的大小景点一网打尽。

此行圆满结束，他们便向东边的崇阳溪走去，在赤石街与船夫碰头，满怀喜悦朝着崇安城去了。

知识大串联

武夷山是著名的茶叶产地

武夷山地势崎岖，气候温润，土壤富含矿物质且具有良好的透气性和保水性，非常适合茶叶种植，是我国著名的武夷岩茶原产地。

"武夷岩茶"属于乌龙茶，是产自武夷山一带茶叶的总称，为人所熟知的主要有以下五个品种：大红袍、铁罗汉、水金龟、白鸡冠、半天腰。

趣味小贴士

朱熹与武夷山的故事

朱熹一生都与武夷山紧紧联系在一起。他幼年尊父亲遗命，随母亲迁居武夷山，投靠父亲的好友。朱熹在那里成长、求学，除了短暂在外做官、游学，他一生大部分时间都在武夷山度过。可以说，朱熹的理学思想正是在武夷山孕育、成熟的。

九曲溪旁建有紫阳书院，朱熹写有《九曲棹歌》。

原文赏析

【原文节选】

惟北向无溪,而山从水帘诸山层叠而来,至此中悬。其前之俯而瞰者,即茶洞也。自茶洞仰眺,但见绝壁干霄①,泉从侧间泻下,初不知其上有峰可憩。其不临溪而能尽九溪之胜②,此峰固应第一也。立台上,望落日半规③,远近峰峦,青紫万状。

【注释】

①干霄:直冲云霄。②胜:美景。③半规:半圆。

【参考译文】

只有北边没有溪水,但山峦从水帘洞所在的各座山岭层层叠叠延伸而来,到这里悬挂在中央。到这里之前我俯身下瞰的地方,便是茶洞了。从茶洞仰头眺望,只看到绝壁直插云霄,泉水从侧面的崖壁间倾泻而下,一开始不清楚它上面还有山峰能够休息。天游峰没有濒临溪流却能尽有溪流九个曲的美景,如果打算不去九曲溪而想看尽九曲溪的美景,这座山峰当是首选。站在峰台之上,远眺落日呈半圆形,远近有无数山峰,呈现出万千青紫的景象。

读万卷书　行万里路

8 畅游庐山

◇ 时间：万历四十六年（1618）
◇ 地点：庐山（江西省九江市）
◇ 主要人物：徐霞客、雷门、白夫、仆人

徐霞客于1616年完成齐云山—黄山—武夷山之旅后，正室许氏于第二年亡故，那一整年，徐霞客未曾远游。直到万历四十六年（1618）八月，徐霞客才再次出游。他逆长江而上，在江西九江登陆，游江西庐山，并重游安徽齐云山、黄山，就近游九华山，后经杭州、苏州返乡。

庐山旧称"匡庐"，雄踞长江南岸，东临鄱阳湖，其核心景区诸景点整体呈南北分布。徐霞客的旅游路线正是由北到南：从北麓东林寺上山，在山上游历五天，从南麓开先寺（大体为今秀峰寺遗址）下山。离开庐山后，徐霞客渡鄱阳湖，过景德镇，从祁门入安徽。

因与革命历史息息相关，庐山上一些景点如庐山美庐为徐霞客时代所未有，一些旧有景点也有变迁。

1618年，徐霞客从丧妻之痛中慢慢恢复过来。在母亲的鼓励下，他约上族兄雷门、白夫（当然少不

了仆人随侍左右），开启了新一轮的远游。

　　他们坐着船溯长江而上，经过南京、安庆等地，于八月十八日到达江西九江。

　　九江山环水绕、依湖滨江，是有名的鱼米之乡，与徐霞客的老家江苏江阴倒是有几分相像。

　　他们换了一条小船，沿龙开河（已被填埋，河道应大体为今九江市龙开河路）一路南下。小船在河里飘荡近二十里后，停靠在一个叫"李裁缝堰"的地方。

　　系舟登陆，走不多远，经过西林寺，他们来到著名的东林寺。

　　东林寺的南面就是庐山，北面背靠东林山。这里地势不高，仍属于庐山的外围。

　　东林寺前一条小河——虎溪河——淙淙流过，河上架着一座桥，名为"虎溪桥"。

　　关于虎溪桥，这里有一个有趣的故事。

相传在东晋时，东林寺的开山祖师慧远和尚交游甚广，为了表明其修行的坚定信念，他立誓：送客不过虎溪桥。

有一天，慧远和尚在送别大诗人陶渊明和道士陆修静时，因为相谈甚欢，不知不觉就跨过了虎溪桥，不光跨过了虎溪桥，还送出很远一段路。

这时，山林中传来一声骇人的虎啸声，三人这才惊觉，慧远和尚已打破自己的誓言。

于是，三人相视而笑。

故事未必属实，但表达了古人追求**三教**（儒、释、道）合流的愿望。

东林寺还有碑林，历代文人雅士的碑文数不胜数。

几个人沉浸在浓厚的文化氛围中，不觉天色已晚，就在寺中借宿。

八月十九日，他们走出东林寺，沿着山麓向西南方向走去，在路上遇见一个人，遂请作向导。

向导说，从此往东上山，就是去天池的大路，而向南转登石门，就是去天池寺侧面的小路。

不难理解，大路直而平，小路幽而险。

于是，徐霞客与族兄、仆人打算分开：他与向导走小路去石门涧，其他人顺大路直接上山，大家在天池寺会合。

徐霞客和向导一会儿委身于密林中，一会儿攀登于险岩上，在浓雾中艰难前行。不久，他们抬眼望见两块石崖耸立着，这就是石门了。一路从石头缝中进去，又有两座石峰对峙，山路在石峰的缺口中蜿蜒。俯瞰山涧，石门下水流喷溅，声震山谷；抬眼远眺，铁船峰附近山峰并立，争雄竞秀。

离开石门后，徐霞客曲曲折折来到狮子岩，后找到大路，顺着台阶往前走，终于来到天池寺。

两位族兄和仆人早在寺门外等候。

出了天池寺，他们又经过聚仙亭，登上文殊台，陆续游览披霞亭、大林寺（今已无，据说被如琴湖淹没）、白鹿升仙台、佛手岩（现为仙人洞）、竹林寺。

游了一圈，天色已晚，他们就返回大林寺住宿。

说到大林寺，想必你一定不陌生。

白居易的那首《大林寺桃花》，说的就是这里：

人间四月芳菲尽，
山寺桃花始盛开。
长恨春归无觅处，
不知转入此中来。

四月间，山下的桃花已经落尽，而大林寺的桃花却刚刚盛开，这当然是因为山上地势高寒。徐霞客早就明白这一点，他在天台山华顶的时候就发现，山顶的杜鹃花比山下开得晚。

八月二十日，晨雾完全散去。一行人来到文殊台，向西俯瞰铁船峰，向东远眺鄱阳湖，打算再去游石门。来到石门，昨天在石门精舍见过的容成和尚发现他们来了，顾不上放下手中的佛经就出来迎接。

游完石门，容成和尚带他们循着旧路路过天池寺，来到金竹坪。

之后，他们辞别容成和尚，经过莲花峰一侧，向东到达仰天坪，打算接下来继续向汉阳峰挺进。

徐霞客发现，仰天坪以南的水，都流向了山南，而以北的水，都流向了山北，所以他认为，仰天坪离庐山最高峰——汉阳峰不远。于是他到仰天坪的佛寺里去问路，寺中和尚告诉他，两者之间隔着桃花峰，还有十里路。

之后，他们沿着桃花峰向东转，路过晒谷石，只见汉阳峰就在眼前。

之前，路上一个和尚听说他们要去汉阳峰，便热心提示他们：汉阳峰非常高，并且上面没有住处，以当时的时间来看，恐无法在天黑之前下来，不如到慧灯和尚的僧舍中住一晚。

于是，徐霞客一行来到汉阳峰南边，只见有一片竹

林，林中有一座简陋的佛龛，一个衣衫破旧、光着脚的僧人正在挑水磨豆腐。这应该就是慧灯和尚了。竹林里面有慧灯的徒弟，也有慕名而来的和尚，其中一个短发赤脚的僧人来自云南鸡足山——徐霞客这时大概没想到，他日后会与这个地方产生浓浓的情谊。

晚上，慧灯和尚就用豆腐来招待他们。

据说，慧灯和尚每半个月做一次豆腐，做好的豆腐都会分给每一个徒弟。

八月二十一日，他们终于要登顶汉阳峰了。从佛龛后面的小路向上，抓着茅草、拽着荆棘，仅二里路程，他们就来到了峰顶。顶上有一个平台，名为"汉阳台"。汉阳台前有一个石崖，名为"禹王崖"，据说大禹治水时曾在这里驻足察看水情。

徐霞客站在汉阳峰上，向南俯瞰鄱阳湖，只见烟波浩渺、水天一色，真是令人心潮澎湃。

从汉阳峰下来，他们又向北去攀登五老峰。五老峰由五个山峰组成，远望如五位老人席地而坐。

在五老峰新建的方广寺中，僧人对他们说："北边的三叠泉瀑布非常值得一看，趁天色尚早，赶紧去看看吧。"

于是，他们稍作休息，即刻启程。一路上树林茂密、乱石堆叠，根本没有人可以走的路，他们或披荆前进，或艰难攀登，树枝刮破了衣服，石头磨破了鞋子，他们全然

不顾。终于，他们看到一个绿水潭；顺着泉水往下走，又遇见一个更大的绿水潭；继续往下走，又一个绿水潭出现了。三叠泉瀑布正因为有三段连续的瀑布而得名。

停留片刻，夜幕已经降临，他们于是返回方广寺中过夜。

八月二十二日，一行人出方广寺，经楞伽院、栖贤寺、三峡涧，又经五老峰下到白鹤观，向东到达白鹿洞。相传这里是南宋大儒朱熹讲学的地方，徐霞客当然要来看一下。

走出白鹿洞，一行人来到开先寺住宿，这里已经是庐山南麓。

八月二十三日，一行人在开先寺周边看了一些瀑布，在寺内吃过午饭便告别下山。

知识大串联

我国古代的著名书院

江西庐山的白鹿洞书院、河南登封的嵩阳书院、河南商丘的应天府书院、湖南长沙的岳麓书院，均为我国古代著名的书院。

书院是中国古代社会特有的教育组织和学术研究机构，多为知名学者创建或主持。

趣味小贴士

关于庐山的一项吉尼斯世界纪录

关于庐山，你大概知道很多传世的书画和诗词等文艺作品，如东晋画家顾恺之的《庐山图》、唐朝李白的《望庐山瀑布》、北宋苏轼的《题西林壁》，但你可能不知道，于1980年公映的电影《庐山恋》曾创造了"在同一影院连续放映时间最长的电影"的吉尼斯世界纪录。

庐山上有一个庐山恋影院，40多年来，这家电影院只放映《庐山恋》这一部电影，至今已放映近万场，仍在继续播放。

秀美的庐山风光（西海景区）

读万卷书　行万里路

9 祈梦石竹山

- ◇ 时间：泰昌元年（1620）
- ◇ 地点：石竹山（福建省福清市）
- ◇ 主要人物：徐霞客、族叔徐芳若

泰昌元年（1620），徐霞客考虑到母亲年事已高，无法远游，就规划一些离家近的旅游路线。于是，南下游浙江、福建就成为最好的选择。

五月初六，徐霞客与族叔徐芳若从江阴出发；五月二十三日，游浙江江山的江郎山；六月初八、初九，游福建仙游的九鲤湖；六月十一日，游福建福清的石竹山。

徐霞客在《游九鲤湖日记》中记述了游"两山一湖"的经历，但对江郎山着墨不多，又因本册的编排以"名山"为主线，故本篇虽题为"祈梦石竹山"，实际上兼有九鲤湖之游的内容。

要说最想干什么事，徐霞客当然最想出门旅游。

要说最想去哪里旅游，徐霞客最想去的当然是四川的峨眉山、广西的桂林、陕西的华山以及山西的恒山。

然而，孔夫子说"父母在，不远游，游必有方"，家中老母在堂，徐霞客自然无心规划远游。如果退而求其次，

选择湘江、衡山这些地方，倒是有水路之便，但根本没必要专程去，在规划其他旅游路线时捎带考虑即可。再其次，可以经由江郎山去福建旅游，而且行程比上面这几个地方近多了。

在母亲的再三撺掇下，徐霞客约上叔父徐芳若一起，于庚申年端午节后的第二天出门了。

这次去福建，徐霞客还有一种隐秘的考量。

母亲近几年得了恶疮，一直不见好转。他想去祈梦很灵验的九鲤湖、石竹山，找仙人给看看。

一行人一路南下，于五月二十三日到达浙江江山青湖地界。

顺着盐帮大道继续南行，山势逐渐合拢。东面的山脉高峻挺拔，西面的山脉低伏不起。东面的山峦中，有一座山峰高耸入云，一打听，正是江郎山。

向着江郎山走去，约二十里路，过石门桥，逐渐接近了。再抬眼看时，发现山峰原来是两个，又往前走，山峰又

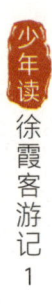

变成了三个。真是每走一步，都有新的景致。

这正是江郎山的三爿石。

雁荡山的灵峰和黄山的石笋矼也像三爿石这样挺拔，但它们都身处群山之中，不像三爿石独自屹立于丘陵平原上而显得如此峻拔。

在江郎山稍作停留，一行人又继续上路。

六月初七，众人进入福建兴化府（今福建莆田市），当晚在府城过夜。

六月初八，众人出莆田西门，往西北走四五十里路，到达莒溪，莒溪就是九漈瀑布的下游。

"漈"，是瀑布的意思，这是福建、江西一带的方言。

漈

"漈"读作jì。本义是指水边，也指海底深陷处。在闽方言中，往往称瀑布为"漈"，例如：百丈漈（在浙江省温州市文成县）等。

之所以叫"九漈"，是因为从山上流出的水随地势逐级下降，形成了九个连续的瀑布。

过了莒溪公馆，一路向上攀登，似乎没有尽头，叔父和仆人一度以为走错路了，只有徐霞客越走越兴奋。

终于，他们在大山深处找到了九鲤湖。

群峰耸峙间，一股山泉落入深潭，这条瀑布就是一漈，这汪潭水就是九鲤湖。九鲤湖湖水外溢，就形成了二漈。依

次向下，是三漈到九漈。

如果九个连续的瀑布分别叫一、二、三、四、五、六、七、八、九漈，那真是太没创意了。

实际上，九条瀑布因形状不同而各有别名：雷轰漈、瀑布漈、珠帘漈、玉柱漈、石门漈、五星漈、飞凤漈、棋盘漈、将军漈。

九鲤湖边有一座九仙祠，那里有"九仙升天"的美丽传说。

相传在汉朝时，一个姓何的太守追随淮南王刘安谋反，他的九个儿子均不认可父亲的作为，就都隐居到仙游县炼丹修行。丹成之日，湖中跃出九条鲤鱼，他们便每人骑上一条鲤鱼升天成仙。这个湖故名"九鲤湖"。

随着时间的推移，九鲤湖就成了祈梦胜地，人们都认为来这里祈梦很灵验。

徐霞客此次来福建的一个重要目的，就是想通过祈梦，知道母亲的病情什么时候好转。当晚，他就睡在为祈梦者准备的席子上，果真做了一个梦，梦见仙人给他两句诗：四月清和雨乍晴，南山当户转分明。

第二天，徐霞客将梦讲给解梦的术士听，术士说："这个梦意味着，来年四月，令堂的病情就会好转。"

徐霞客听后，内心一阵欢欣雀跃。

离开九仙祠，众人一起向下，将九漈看了个遍。出九漈向东，众人经过莒溪，回到来的路上。

六月初十，过蒜岭驿，到达榆溪（现为渔溪）。听说横路驿往西十里有一座石竹山，风景很好，也是祈梦胜地，徐霞客就很想去看看。

虽然按照当地"春游石竹山，秋游九鲤湖"的说法，这个季节并不适合游石竹山，但徐霞客才不在乎这些，他可是在大雪天登过齐云山和黄山的。

由于从榆溪到横路驿还有十五里路程，来不及游石竹山，他们当晚就在榆溪住宿。

六月十一日，一行人经过波黎铺踏上小路，向西朝石竹山走去；由石竹山南边沿山麓转向西边，再从西边登山。石台阶很陡，一行人只能穿着短衣拾级而上。石阶旁树木山石荫蔽，古老的藤蔓盘结在石崖上，他们时不时能听到猿猴的啼叫声。

踏入九仙阁，也有人在祈梦。据说九鲤湖的九仙成道后，曾来到这里造福百姓。

阁后山峰耸峙，松树倒伏，藤枝蔓延，放眼望去，全是美丽的风景。

徐霞客常年出游，早已练就了极好的脚力和体力，面对石竹山这样的小景区，自然能轻松应对。

尽管石竹山在徐霞客的旅行生涯中显得微不足道，但至少有那么一天，他的生命属于这里。他喝着山上僧人递来的芳香四溢的茶水，想着一件令人欣喜的事：如果祈梦灵验的话，母亲的病应该很快就会出现转机，或许，他可以为此做点纪念活动。

第二年，徐霞客在家中建造了一所新堂舍，取名"晴山堂"，用于纪念母亲大病痊愈。

知识大串联

"冰臼"与"壶穴"之争

九鲤湖底边的岩石上有很多圆形的凹坑,徐霞客当年忠实地记录下了这种地貌:"其间圆穴,为灶,为臼,为樽,为井……"关于这种地貌的命名,专家之间出现了争议,有人说是"冰臼",有人说是"壶穴"。

所谓"冰臼",指的是在遥远的第四纪冰川后期,由冰川融成的水沿冰川裂隙向下流,对基岩形成强烈的冲击、研磨等,最终以滴水穿石的方式形成了孔洞。

所谓"壶穴",指的是强劲的水流碰到坚硬的河床时形成了一股股涡流,这些涡流卷积着小石砾,在河床上日夜打转、研磨,就形成了孔洞。

你认可哪种说法呢?

趣味小贴士

徐霞客为什么将新建的堂舍取名为"晴山堂"?

徐霞客在九鲤湖祈梦时,梦到一位仙人递给他一张纸,纸上写着司马光的两句诗:四月清和雨乍晴,南山当户转分明。大概意思是:四月雨后初晴,正对门的南山将变得更加明净。

解梦的术士认为,"转晴"是指疾病痊愈,"南山"代指母亲。

于是,徐霞客专门找人绘制了一幅《晴转南山图》,并取"晴山"二字为新堂舍命名,寓指母亲永远身体健康。

之后,他陆续邀请友人为母亲创作书画和诗赋,并将其一同安置在晴山堂内;而由诗赋所刻成的碑文就是现今著名的晴山堂石刻。

石竹山风光

读万卷书　行万里路

10 问禅嵩山

◆ 时间：天启三年（1623）
◆ 地点：嵩山（河南省登封市）
◆ 主要人物：徐霞客、仆人

少年读徐霞客游记 1

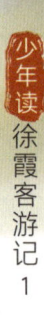

天启三年（1623）二月初一，徐霞客从老家启程，由陆路经江苏徐州、河南开封、河南郑州，于二月十九日抵达河南登封，在嵩山游历五日，于二月二十四日从登封西北轩辕关离开，二十五日至河南洛阳参观龙门石窟，后向西进入陕西。

嵩山位于河南登封境内，分为太室山和少室山两部分。闻名天下的少林寺就位于少室山中。除了太室山和少室山，徐霞客还参观了周边的一些人文景点，如中岳庙、嵩阳书院、嵩岳寺塔等。所有这些景点，现在被分成了三部分：中岳景区（中岳庙、卢崖瀑布、观星台等），嵩阳景区（嵩阳书院、嵩岳寺塔、法王寺、会善寺、峻极峰等），少林景区（少林寺、达摩洞、初祖庵、三皇寨等）。

旅游可不是一件简单的事，出门前，你要做好多准备、学好多知识。

你要想好吃什么、喝什么，衣服穿薄一点还是厚一

点，晚上在哪儿住宿，出门坐车、乘船还是步行，需要带什么行李……

你要了解旅游景点的气候特点、地势地形、风土人情，最好还要能预测天气变化。

还有最重要的是，你要规划好旅游路线。好的路线，能让你走最少的路，看最多最美的风景；坏的路线，会让你身心俱疲，甚至迷失方向、露宿荒野。

有一条旅游路线，早已在徐霞客脑海中盘桓了好多年：沿长江逆流而上，到湖北西北部游览武当山，然后进入陕西游览华山，再通过剑门关进入四川，畅游峨眉山。

不过，孔子说"父母在，不远游，游必有方"，徐霞客的母亲年纪大了，需要照顾，他便不能出门太久，峨眉山就先不去了，武当山不算远，倒是可以看看，这也算"不远游"吧！

另外，去的时候，沿江逆流而上，实在太慢，不如去的时候走陆路，回的时候走水路，这样沿江而下是顺流，更节省时间。

终于，他确定好了一条路线：经过开封、郑州，向西游嵩山，游洛阳龙门石窟；再游华山，向南进入湖北十堰，游武当山；最后顺江而下，回家。

既然是"顺道"游嵩山，那是不是说嵩山只是武当山之旅的"**饶头**"（额外添补之物）？

当然不是！

徐霞客从小就立志游遍"五岳"，嵩山更是志在必得。要知道，嵩山号称"中岳"，可是"五岳"之中地位最高的山。

主意已定，只等时机成熟。

俗话说，"不出正月都是年"。正月过完，年才算过完。1623年这个年，可真够长的！

好不容易熬到二月，徐霞客迫不及待地带着仆人出门了。

两个人冒着严寒，一路向北，几天后进入河南境内。

从开封到郑州的路上，北风呼啸，直到二月十九日从郑州去登封的路上，风才渐渐变弱。

在地理学上，开封、郑州属于我国第三阶梯，在这片广袤的华北平原上，来自西伯利亚的寒风往往畅通无阻。而登封地处第二阶梯与第三阶梯的交界处，北面的太行山余脉减弱了风势。

二月二十日到达登封的当天，太阳已经西沉，徐霞客来到登封城东的中岳庙跟仆人碰头。

为什么说是碰头呢？这里有必要交代一下两人的行踪。

从郑州出发时，仆人就和徐霞客分开了。仆人沿着大路直奔登封而来，他要照看行李，要提前联络住宿的地方，要采购干粮、点心，等等。相反，徐霞客专挑小路、山路走，因为越是偏僻的地方，风景越多，他不想错过任何美景。

住进庙里，收拾好床铺，徐霞客听方丈说附近有著名的卢崖寺和卢崖瀑布，当即便要上山。

仆人劝道：“赶了一天的路，您还是好好休整一晚，明天再慢慢游览不迟。再说了，天色已晚，您看景致也看得不真切。”

然而，徐霞客哪里听得进去！他打算在登封只待五天，行程紧凑，必须争分夺秒。仆人拗不过他，只好随行。

进山十里路，他们就听见流水坠入石峡中的轰鸣声。峡谷两边，雾气弥漫，在夕阳的映照下，宛如云霞。顺着流水上到卢崖寺后，但见谷底陡崖矗立，被一个半圆形包围着，上部倾覆，下部凹削。水流从空中直泻而下，就像丝绸凌空飘舞，又像细雨洒满山谷，和武夷山的水帘洞有得一拼。

在瀑布下徘徊了很久，徐霞客身上开始泛冷，幸好卢

崖寺的僧人梵音又奉上了茶点。

从卢崖寺回到中岳庙,天已昏黑,仆人倒头就睡。

第二天一早,仆人被徐霞客叫醒,说是要去拜谒中岳帝君。

"中岳帝君是谁?"

"这个庙里所供奉的就是中岳帝君。既然来游览嵩山,当然要先拜谒主管嵩山的神仙。"

拜谒完中岳帝君，徐霞客遂开启了太室山之旅。当向导的是当地的一名樵夫，仆人提前帮忙联系的。

太室山在登封城北，少室山在登封城西。

关于太室山，这里有一个传说。相传，大禹的第一个妻子涂山氏曾站在这个山上守望大禹，变成了一块石头，后来大禹抱着石人痛哭，石人就生下大禹的儿子——启。所以，这座山就被称为"太室"，而山下有启母阙、启母庙。

那么，少室山又有什么传说呢？

据说，大禹的第二个妻子，也就是涂山氏的妹妹曾隐居在这座山上守望大禹，于是后人称这座山为"少室"。

如果你觉得传说荒诞不经，也可以根据两座山的特点来区分。太室山连绵不断、雄伟威严，像一位端坐的长辈；而少室山石骨嶙峋、直插天际，像一名叛逆的少年。

登上太室山最高峰峻极峰后，徐霞客问向导怎么下山，向导说："要是走正路，得有二十里；要是从西面的山沟里悬空滑下去，能省去一半的路程，但是道路极为险峻。"

一听这话，徐霞客顿时兴奋起来。

来之前他就听说，嵩山没有什么特色，因为没有险要的地方。没想到，除了"滑草""滑水""滑沙"，还有"滑山"这等好事！

两个人脚步不敢停、眼不敢斜视，顺着峡谷，一路到底，惊险又刺激。

二十二日，徐霞客把山下的景点如**嵩阳书院**等游了个遍，然后向西边的少室山挺进，把沿路的景点也游了个遍。

时间一点没有浪费，看来他是做过精心规划的。

当天晚上，他和仆人住在少林寺——这是他游览少室山的"根据地"。

游览少室山的策略跟太室山如出一辙，先游高处，再游低处。

二十三日，徐霞客雪中登上少室山最高峰——南寨（现为三皇寨）。

二十四日，徐霞客参观山下的初祖庵、达摩洞等，然后吃中午饭，辞别少林寺，西出登封，夜宿大屯村。

这趟旅程紧凑得令人窒息，像极了现在年轻人的"特种兵式旅游"。

不过，徐霞客并不满足于浮光掠影的游览，而是沉浸其中，充分享受美景与探险。

嵩山之美，远非文字所能传达。好奇的话，你不妨亲自去一趟。

嵩阳书院

嵩阳书院，是我国著名书院之一。始建于北魏太和八年（484），初名嵩阳寺，为佛教寺院。宋至道三年（997）赐名"太室书院"，宋景祐二年（1035）重修太室书院时赐名"嵩阳书院"。嵩阳书院是宋代"程朱理学"的发源地之一。

知识大串联

许由洗耳的故事

据说上古时代的尧想把帝位让给贤士许由，许由拒绝了尧的好意，连夜逃进箕山，农耕而食，隐居不出。尧以为许由谦虚，便又派人去请："即使不接受帝位，也希望你能出来当个九州长官。"许由不愿听闻这些话，唯恐污染了自己的耳朵，就跑到山下的颍水边去洗耳朵。箕山、颍水都在今天的河南省登封市境内。

颍考叔的故事

春秋时期，郑州、新郑、登封等地都属于郑国，郑庄公时期的郑国大夫因为封地在颍水附近而被称为"颍考叔"。"春秋小霸"郑庄公的很多故事都是在颍考叔的辅佐下发生的，如"郑伯克段于鄢""周郑交质""黄泉见母"等。

趣味小贴士

"黄宗店"与"王宗店"

　　细心的你可能已经发现，徐霞客在《游嵩山日记》中写错了两个地名，一个是黄宗店（正确的写法是"王宗店"），另一个是法皇寺（正确的写法是"法王寺"，也叫"大法王寺"）。

　　这是为什么呢？难道他也是"白字先生"？

　　原来，这是因为他受到了方言发音的影响。

　　徐霞客是江苏江阴人，那里属于吴方言区。吴方言"王黄不分"（将"王"和"黄"都读作huáng）的语音特点可谓"历史悠久"。

　　尽管徐霞客在北方旅游时可能用的是当时的官话，但其仍深受方言的影响。

　　现在，这一发音特点依然存在于我国江、浙等地区。笔者在读书时，一位浙江籍教授总是说"huáng老师"，其实说的是"王老师"。

读万卷书　行万里路

11

探险华山

◇ 时间：天启三年（1623）
◇ 地点：华山（陕西省东部）
◇ 主要人物：徐霞客、仆人

天启三年（1623）二月二十五日，徐霞客游完河南洛阳龙门石窟，西出河南，于二月的最末一天进入陕西潼关，在华山游览两天，于三月初三下华山，西出华阴，后经洛南，取道丹江水路，入湖北游武当山。

华山有东峰、西峰、南峰、中峰、北峰五个主峰。古时候，中峰被视为东峰的一部分，故徐霞客在日记中未提及中峰。

徐霞客的主要旅游路线为：华山峪—（中峰—）东峰—南峰—西峰—北峰—华山峪。

从《游太华山日记》开始，徐霞客不再局限于一山一景的记述，而是第一次逐日完整地记录一个省的行程，开始了系统观察自然和描述自然。

二月二十五日，在游完龙门石窟后，徐霞客和仆人就一路向西而来。

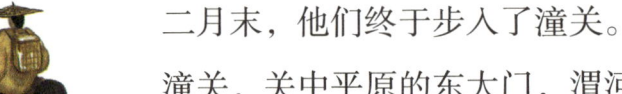

二月末，他们终于步入了潼关。

潼关，关中平原的东大门，渭河和黄河汇流之地。

潼关，黄河从北方南下，至此开始转向东流。

潼关，可谓山河表里，历来为兵家必争之地。

徐霞客在当天的日记中写道："舍此而北，必渡黄河，南必趋武关，而华岳以南，峭壁层崖，无可度者。"意思是：如果不经潼关而向北走，就必须横渡黄河，向南走就必须取道武关，但华山以南，层层峭壁悬崖，根本没路可走。

天下雄关，绝非浪得虚名。

围绕着潼关而展开的风云历史，也牵动着亿万生民的悲情与欢歌。

作为读书人，徐霞客不可能不知道潼关意味着什么。他一定也想到了张养浩的《山坡羊·潼关怀古》：

峰峦如聚，波涛如怒，山河表里潼关路。

望西都，意踟蹰。

伤心秦汉经行处，宫阙万间都做了土。

兴，百姓苦；亡，百姓苦。

少年读徐霞客游记

范文正公曾有："居庙堂之高则忧其民，处江湖之远则忧其君。"徐霞客非居庙堂之高，自然没有资格"忧其民"，但也不必为君王担忧。他把别人读书致仕的热情都化作了"在路上"的动力，但路之所遇、目之所及，总又挑动着他的满腔悲悯。

> **范文正公**
> 即范仲淹，北宋政治家、文学家，谥号"文正"，世称"范文正公"。其有名句"先天下之忧而忧，后天下之乐而乐"传诵千古。

如果没有资格"忧其民"，那么仅剩的最重要的关切，就是自己的志趣和家中的母亲了。

想到母亲，他又加快了行程。

离开潼关，继续向西南而去，峥嵘的华山诸峰已经遥遥在望。当太阳西斜时，他们终于赶到华山脚下的西岳庙。

三月初一的清晨，徐霞客庄重地拜谒了西岳庙里所供奉的西岳神。在看过西岳碑林后，他们又登上万寿阁远眺华山。

之后，他们出西岳庙，朝着华山的方向行进，进入云台观（已无，遗址大约在今华山中学）——相传这也是五代宋初道士陈抟的隐修地。

到达十方庵，他们发现路越来越难走，于是请了个当地人做向导。

要想进华山，有数条山谷可以走，这些山谷都是南北走向，北方人称为"峪"，如杜峪、华山峪、仙峪、瓮峪（下文所说"泓峪"）。

但是，要想进入华山核心景区，则只有这华山峪一条路可以走。

进入华山峪，他们看到一条清澈的溪水流向峪口，小溪左侧是玉泉院。

继续往峪内走去，经莎萝坪，穿青柯坪，路越来越难走，甚至到最后都没路了。

他们抓着铁链攀上千尺幢，再登上百尺峡，顺着崖壁左转，走过老君犁沟，翻过猢狲岭，其北面就是华山北峰。北峰北面还有一座山峰，与北峰相对而立，那就是白云峰。

徐霞客没有去白云峰，而是经过苍龙岭向南走去。

苍龙岭是华山上一个非常有名的景点，也是登临东峰、南峰、西峰的必经之路。

它是一条窄而长的山脊，南北长约1500米，山脊两边为山谷，窄的地方仅能放下一只脚。游人在走这段路时，必须抓住铁链才能前行。

不知道读者朋友有没有发现，游华山必须走华山峪；走过华山峪，又必须上千尺幢、百尺峡；要想进一步登上南面诸峰，又必须走苍龙岭。这正应了一句俗语：自古华山一条道。

"自古华山一条道"现在也引申出如下含义：除了最难的一条道路，别无选择，因此，面对险峰不必犹豫，不要观望，而要勇往直前。

走过苍龙岭，徐霞客一行人来到东峰下。望着东峰往上走，玉女祠就在眼前。

现在这里属于中峰。因为中峰不如其他四峰明显，且靠近东峰，所以在徐霞客时代，中峰被认为是东峰的一部分。

关于玉女祠，还有一段美丽的传说。

相传在春秋战国时期，华山上有一位修行人叫萧史。萧史擅长吹箫，修行之余，就在华山顶上迎着朝阳吹箫。日复一日，这悠扬的箫声竟然飘进了咸阳宫，秦穆公的女儿弄玉公主为箫声所动，竟跑来与萧

史相会，甚至放弃优渥的生活，与萧史结为夫妻。后来，两个人一起修行，一同得道成仙。为了纪念弄玉公主，后人便在这里修建了玉女祠。

拜谒过玉女祠，徐霞客转进了迎阳洞。洞中的李道士见天色已晚，就留徐霞客在此住宿。

有了住宿地点，徐霞客就没了后顾之忧，于是他趁天黑前的一段时间，又去登了东峰。

三月初二，徐霞客一行在李道士的带领下从南峰北面登顶，又从南面的山崖悬空而下，稍作停留后，一直登上南峰绝顶，参观仰天池。

南峰海拔约2160米，是华山主峰中最高的一座。即使拿"五岳"各自的最高峰放在一起比较，南峰也是最高的。

之后，众人从西面下南峰，又登上西峰。

中午返回迎阳洞吃饭，听说东峰下还有一处景点，于是徐霞客在饭后又独自登上东峰。他从东峰南面的山崖悬空而下，来到一个小石台，名为"棋盘台"。

从棋盘台回到迎阳洞，他告别李道士，过苍龙岭，从原路下山，又到北峰观看了白云峰。

在暮色中，徐霞客一行人下到莎萝坪，经青柯坪，快速走出谷口。在夜色中，他们回到了十方庵。

知识大串联

华山是中华民族的圣山

根据国学大师章太炎的考证,"中华"的"华"字源于"华山",因此,华山是"华夏之根"。他认为,华夏民族最初就形成并居住在华山的周围,因此,其国土称为"华",其民族称为"华夏"。

趣味小贴士

天下第一"洞房"

古人将"洞房花烛夜"列为人生四大幸事之一,相传"洞房"一词就跟萧史和弄玉公主的故事有关。

萧史和弄玉公主在双双成仙之前,曾在华山西峰莲花洞点烛成婚,后来,这个石洞就被称为"天下第一洞房"。"洞房"也用以代称新婚夫妇的卧室。

原文赏析

【原文节选】

　　初九日　行四十里，过龙关。五十里，北一溪来注，则武关之流也。其地北去①武关四十里，盖商州南境矣。时浮云已尽，丽日乘空，山岚重叠竞秀。怒流②送舟，两岸秾桃艳李，泛光欲舞，出坐船头，不觉欲仙也。

【注释】

　　①去：距离。②怒流：汹涌奔腾的江流。

【参考译文】

　　初九日　行船四十里，经过龙关。走了五十里，北面有一处溪水从侧面注入，那便是从武关流来的溪流了。而该地向北距离武关还有四十里，大概位于商州南面的辖境。这时候，浮云已经全部消散，艳阳当空，云气笼罩的山峦层层叠叠，争相秀美。汹涌奔腾的江流推动着船只，两岸的桃花、李花颜色艳丽，漂荡在波光中像是要起舞一般，来到船头坐下，不禁有一种飘飘欲仙的感觉。

华山险峰

读万卷书　行万里路

12

问道武当山

◇ 时间：天启三年（1623）
◇ 地点：武当山（湖北省西北部）
◇ 主要人物：徐霞客、仆人

1623年三月初三游完华山，徐霞客一行人经陕西省洛南县、商州县（今商洛市商州区），至龙驹寨（今丹凤县）登船，沿丹江南下，过河南省南阳市淅川县，兼有陆行，于三月十二日抵达均州（今湖北省十堰市丹江口市），三月十三日登武当山，三月十五日下山，之后经汉江进入长江，一路舟行，回到老家。

　　武当山古称"太和山""玄岳"，北临丹江口水库，南望神农架林区，核心景点整体呈南北方向分布。

　　徐霞客的主要旅游路线如下：从北麓玉虚宫上山，向南登至最高峰，后辗转多个景点，返至武当北麓。

　　三月十二日，徐霞客一行人抵达丹江口。他命令仆人和挑夫将行李放在城南以外，打算第二天登山。

　　回想一下，从陕西进入湖北的旅程是愉快的：一路以坐船为主，顺流而下，异常轻快：沿途桃李缤纷、山花夹

道，美不胜收。

毕竟出门已有月余，天气已经逐渐转暖。另外，湖北不像山西、陕西一样高寒，沿途已是一派盎然好春光。

三月十三日，一个春风送爽的日子，徐霞客骑马踏上平坦宽敞的石头路，向南疾驰三十里，来到了武当山北麓的迎恩宫（已无，现被丹江口水库淹没，宫内文物迁至元和观）。

迎恩宫前立着一块石碑，上书"第一山"三个大字，相传是北宋时期书法家米芾的手笔。再往前走，就是草店（今草店码头），路逐渐变成东西向。

一路向西，路过遇真宫，再越过两个隘口往下走，便进入了山坞中。

面前是一个岔路口，从此处向西，就能到达玉虚宫；而从此处向南上登山岭，则是通往紫霄宫的小路。

武当山紫霄宫闻名天下，当然要直接上山。

徐霞客没有片刻犹豫，就从这里上山了。

走了十来里山路，来到回龙观。从这里仰望武当山最高峰天柱峰，只见一片苍翠插入天际，然而相距至少还在五十里外。

继续沿山路前行，上上下下约二十里，过太子坡、九渡涧，踏上平台十八盘，就是去紫霄宫和顶峰的大路。

再攀登十里陡峭的山路，终于来到了紫霄宫。

紫霄宫是武当山现存较完善的建筑群，规制极高、规模极大，无处不彰显着其与明朝皇室的密切关联。

红墙绿瓦的宫殿掩映在绿树繁花之间，煞是好看。

游完紫霄宫，他又向紫霄宫背后的展旗峰走去。

展旗峰西侧有太子洞、七星岩等胜境，但为了尽快登顶，他直奔南岩。

匆匆路过南岩的南天门，再向西，他拜谒了榔仙祠。

榔仙祠与南岩相对，祠前有许多高大的榔梅树。

"榔梅树"，你听到这个名字后，是否想到了齐云山的榔梅庵？两者之间还真有一段故事，容我稍后再讲（见本节"趣味小贴士"）。

游完榔仙祠，他想原路返回细细游览南岩，但又觉得太远，不如先登**太和宫**。

沿着崎岖的山路，经过一天门、二天门、三天门，走过朝天宫旁的铁柱悬索桥，太和宫已经近在眼前。

天柱峰是武当山的最高峰，太和宫建筑群就在天柱峰绝顶处。

太和宫

明永乐十年（1412），明成祖朱棣下令敕建太和宫，建成后嘉封武当山为"大岳太和山"，封这座建在绝顶上的道宫为"大岳太和宫"。皇帝的赐封使武当山位列"五岳"之上。

在太和宫诸多建筑中，脱颖而出的是最高处的金殿。

金殿的结构仿造着同类的木制建筑，但金殿并没有用一块木头，而是铜铸鎏金，远远望去，金光闪闪，故也称"金顶"。

暮色降临，徐霞客当晚留宿太和宫。

三月十四日，徐霞客换了衣服登上金顶，瞻仰叩拜完毕，俯瞰身下诸峰，但见近处的像天鹅一样屹立着，远处的则层层排列着，真是一个幽静美丽的地方。

他下三天门，经蜡烛峰、蜡烛涧，到达上琼台观，道观旁有几棵榔梅树，大处都是要一个人方能围抱。他于是想到：既然这榔梅果如此稀有，我何不向观中道士要几颗，好回家献给母亲当作寿礼？

谁知道士先是一阵沉默，然后说道："榔梅是禁物，以前有人带出去三四颗，竟然搞得道士的家人被株连。"

徐霞客不信，继续讨要，道士无奈之下拿出几颗变黑腐烂的，还再三叮嘱不要让人知道。

来到中琼台观时，他又朝人讨要榔梅，观主很客气地说没有。

他本想再到下琼台观，然后前往玉虚宫，但这样就和南岩、紫霄宫失之交臂了。于是，他准备再去南岩一趟。

正在这时，忽然听到有人喊自己，原来是中琼台观的小道士，他奉师父之命请徐霞客回去，要送他两颗榔梅。

成熟的榔梅果然很好看，金子一样的外表，白玉一样的质地。

果然不出所料，中琼台观的观主同样再三嘱咐：千万不能让别人知道。

告别观主后，徐霞客经过朝天宫，再次来到南天门，好好地游览了一遍南岩。当晚，徐霞客返回太和宫住宿。

这一回，徐霞客多了一个心眼儿。他给了小道士一点"贿赂"，又得到六颗榔梅；可第二天再去要时，小道士死活不再给了。

三月十五日，徐霞客从太和宫出来，从南天门左侧赶到雷公洞，在洞边雇了一台竹轿。他本想返回紫霄宫，过太子岩、不二庵，到达五龙宫。可轿夫说，这样绕来绕去不方便，不如从南岩下到竹笆桥，然后游览滴水岩、仙侣岩等景点。

于是，按照轿夫的推荐，徐霞客依次游了真武祠、白云岩、仙龟岩、青羊桥、攒天岭，然后路过五龙宫、自然庵、凌虚岩、榔梅台，下山来到草店。

此次远游接近尾声。他下山与仆人碰头，然后到丹江口找船，从汉江下到长江，顺流而下，不过几日就回到了江阴老家。

知识大串联

第一山

北宋时期的书法家米芾，擅长篆、隶、楷、行、草等各种书体，尤其擅长行书，因笔锋飘逸劲健，被称为"刷字"。米芾与苏轼、黄庭坚和蔡襄合称为"宋四家"。

相传米芾在武当山题写有"第一山"三个字，本来位于朝阳洞内，后来被移至现在的玉虚宫。

不过，除了武当山，全国很多景点如泰山、嵩山、庐山也都有"第一山"的石刻。

相传为米芾所题写的"第一山"

趣味小贴士

徐霞客想要几颗榔梅，为什么那么难？

榔梅因极少见，被赋予了神秘色彩，更被明代皇室列为朝廷贡品。因此，山上的道士不敢轻易给人，担心被治罪。

关于"榔梅"，有两个故事：一个是神话传说，一个是真实事件。

第一个故事：相传真武大帝初到武当山修行时，意志不坚定，得到一个变成老妇的仙人点化。于是，他折下一段梅枝插在榔树上并发誓："我如果修成正果，这棵树就开花结果。"终于，他成道之日，榔梅显灵，果然开花结果。

故事大概率是虚构的，但其中可能包含真实的成分，那就是，榔梅有可能是经过嫁接而成的品种。

第二个故事：李时珍在《本草纲目》中提到，榔梅只产于武当山。而自清以来，武当山的榔梅一度绝迹，人们于是从齐云山引进了一批。后来，人们发现榔梅树就是当地的黄蛋树，数量还相当多。原来，榔梅在明代属于"皇家贡果"，因而人们很难见到，更不可能将其与常见的黄蛋树联系起来。如今，榔梅在当地已实现了大规模种植，更被列为国家地理标志保护产品。

原文赏析

【原文节选】

十四日　更衣上金顶。瞻叩毕,天宇澄朗,下瞰诸峰,近者鹄峙①,远者罗列,诚天真奥区②也!遂从三天门之右小径下峡中。此径无级无索,乱峰离立,路穿其间,迥③觉幽胜。三里余,抵蜡烛峰右,泉涓涓溢出路旁,下为蜡烛涧。循涧右行三里余,峰随山转,下见平丘中开,为上琼台观。其旁榔梅数株,大皆合抱,花色浮空映山,绚烂岩际。地既幽绝,景复殊异④。

【注释】

①鹄(hú)峙:形容周围诸峰如天鹅引颈屹立恭候。鹄,俗名"天鹅"。②天真奥区:天真,未受人世礼俗影响的大自然的原貌。奥区,中心腹地。③迥:截然不同。④殊异:特别不同寻常。

【参考译文】

十四日　换了衣服登上了金顶。瞻仰叩拜完毕,天空澄碧晴朗,向下俯瞰各个山峰,近处的就像是天

鹅伸着脖子一般屹立着，远处的山峰层层排列开来，着实是大自然中幽深玄妙的地方。于是从三天门右面的小路下到了峡谷之中。这条小路没有石阶，也没有绳索，到处都是散乱无序、各自耸立的山峰，小路穿过山峰之间，让人觉得十分幽静秀美。走了三里多路，抵达了蜡烛峰的右侧，泉水涓涓从道路的旁边溢出，流下去成蜡烛涧。沿着山涧向右走三里多路，峰回路转，继续向下可以看到一座平缓的山丘从中间断开，这就是上琼台观。上琼台观旁边长着几株榔梅树，有一人围抱那么粗，榔梅花开满了树枝，花色映照在山冈之中，让山崖边显得绚烂多彩。这地方既优雅到了极点，景色又是如此与众不同。

云雾缭绕中的武当山

读万卷书　行万里路

⑬

探洞浮盖山

◇ 时间：崇祯三年（1630）
◇ 地点：浮盖山（浙江、福建两省之间）
◇ 主要人物：徐霞客

除了几次有名的远游，徐霞客还有不少的近游，其中游福建就有五次，分别是在1616年、1620年、1628年、1630年、1633年。

徐霞客于崇祯三年（1630）七月十七日从江阴老家出发，沿水路过浙江江山，后陆行，于八月初二至福建浦城，八月十九日抵漳州。沿途游历浙江、福建间的浮盖山、福建永安桃源洞。

如今，人们游浮盖山大都是从北边的浙江界登山，但徐霞客是从东边绕到南边，以福建界的大云寺为起点登山，返寺后过犁岭关直接南下。

徐霞客不做官也不经商，他把自己大把的时间都用来旅游，游着游着就出了名，不光在文化人的圈子里很出名，连在各地的亲友也都知道他的名头。

于是，很多近游，都是在走亲访友时顺势为之。

1630年的这次游浮盖山，也是顺道的。

不过这次漳州之行，是"走亲"，而非"访友"。

这年年初，漳州好友黄道周复官进京路过江苏，两人差点失之交臂。

徐霞客听说黄道周路过常州，就赶紧跑去见面。谁料黄道周刚刚离开常州，于是徐霞客雇了小船，日夜兼程，终于在丹阳追上了他。

好友相见，异常高兴，免不了诗文唱和。

当时聚会的场景，仍然生动地浮现在徐霞客的脑海里，就像昨天刚发生的一样。

而这次去漳州，不是去见黄道周，而是去见亲戚。

在漳州做官的一位族叔听说徐霞客经常出游，而且来过好几次福建，就写信邀请他再来漳州聚会。

徐霞客这一年本来不打算再出游，但族叔不断找人捎信，同族的一个长辈也冒着酷暑跑到徐霞客家，催促他南下:"日升捎信跟我说了,让你务必去漳州见见他。家族里的晚辈,就你出门最多,而且轻车熟路。赶紧去吧!"

于是,七月十七日,他从家里出发了。

八月初二,他登上仙霞岭,越过小竿岭,来到二十八都,再往东南方,就是浮盖山了。

浮盖山又名"盖仙山",位于浙江、福建两省交界处,西边是枫岭关,东边是毕岭关,南边是犁岭关。

如今"205"国道绕其西北而过,在枫岭关转为南向,一路进入福建省。

好几次路过这里,他都远远看着浮盖山,为之心驰神往。但因为不在规划的旅游路线内,他就没有在此停留。

这次,他终于可以一睹浮盖山的风采了。

吃过午饭,他便四处找人打听登山的路。一个放羊的人对他说:"如果直接从枫岭关过去,就是大路,但这条路比较远;如果走白花岩,就是小路,比较近,但不好走。"

徐霞客要的就是"不好走","不好走"才有常人看不到了风景,更何况这是条近路。

于是他来到了浮盖山北麓的一个村子,叫"金竹里"。这里盛产竹子,有户农家开了个造纸作坊。清朝的《江山县志》上说,这里生产三种纸:藤纸、棉纸、竹纸。其中的竹纸就是用竹子当原料做的纸。

看来,造纸在这里有悠久的历史。

另外，我们也可以看出，徐霞客真是一部行走的"活字典"。他在游记中事无巨细地记录了自己的所见所闻，没有夸张，没有虚构，不是道听途说，而是完全照实书写。

过白云岩（徐霞客曾路过的白花岩庵，如今已不见踪影）、里山庵，再往南，就是浮盖山南麓的大云寺。寺右边是犁尖顶（犁尖石，现为剪刀石），左边是石龙洞。

据说大云寺建于武周时期，这么算来，徐霞客踏进寺门的时候，它已经有近千年的历史了。

当晚，徐霞客歇脚在大云寺，准备第二天游石龙洞。

昏黄的烛光下，徐霞客摆出笔墨纸砚，开始记录一天的行程。

八月初三，大雨整日不停，徐霞客在寺中待了一天。

八月初四早上，雨势稍有减弱，徐霞客就迫不及待地要去游石龙洞。

于是，寺中僧人带上刀具和火具，为徐霞客做向导。

浮盖山上多是硕大的圆形石头，属于熔结凝灰岩，近看岩面粗糙，远看石形秀美。

窈窕秀美的岩石，只让人觉得峡谷很诡异，而觉察不到它的险恶；高峻耸突的岩石，只让人觉得峡谷很险要，而觉察不到它的高峻。

浮盖山最奇特的就是石头。

大小不一的岩石堆叠在一起，形成各种各样的奇观。

有的是三块大石头依次垒上去,像在玩高难度的平衡术;有的是一块大石板覆在一些小石块上面,宛如一间石房子;有的是一块大石板斜跨在两个小石块之上,就像一道门,游人刚好可以从下面走过。

徐霞客在山腰四周游了一遍,觉得不过瘾,于是向石龙洞走去。

他先是来到碧狮峰东面,向峭壁爬去。

那里有一处景观,只见很多的大小石块堆在一起形成不少孔洞,中间最大的孔洞缝隙正好形成一条通道,勉强够一个人爬过去。

这就是"一线天",由此可以直上山顶。

很多地方都有"一线天"景观,而大部分"一线天"的两侧是对峙的两块完整崖壁,"一线天"上面是开口的。而这里的"一线天"更像一条隧道,不过四壁不是岩

体或土层，而是垒在一起的石块。

隧道深处一个岩罅内，空间稍大，那里正是石龙洞。

洞内非常黑，他所携带的火折子和灯笼这时就正好发挥作用了。

只见洞壁上有一条"石龙"，其实那是一块从洞壁垂下的白石头。洞中的石头大都是赭黄色，唯独这块石头是白色，所以格外显眼。

石头的纹理很像粗糙的磨刀石，正好形成"石龙"的鳞片。

你别说，还真像一条白龙。

出石龙洞，爬出"一线天"，就是浮盖山的顶峰。

浮盖山顶峰，只见两石并立。前面一个拔地而起，像一根法棍面包，峰顶有一个凹坑，常年蓄水，名叫"始祖石"。后面一个像大南瓜，上面盖着两层岩石，活像一顶帽子——这想必是"浮盖山"名字的由来。

在峰顶停留片刻，徐霞客一行人返回大云寺吃午饭。

饭后，一行人从南面下山，十里步入大路，继续南下。

知识大串联

我国古关隘

仙霞关与四川剑门关、河南函谷关、山西雁门关等均为我国古关隘。仙霞关位于浙江省江山市仙霞岭上，位于福建、浙江、江西三省交界处，相传由唐末时期农民大起义领袖黄巢所率领的起义军开辟，之后成为往来浙江、福建的交通要道。

趣味小贴士

仙霞关的神秘古镇

在仙霞关附近，有一个古镇叫"廿（niàn）八都"，也叫"二十八都"。

和周庄、同里等古镇相比，廿八都古镇是真正的古镇，不仅因为它的历史比前两者更悠久，更因为它位于崇山峻岭之中，至今仍是"冷门"景点，商业气息并不浓厚。

读万卷书　行万里路

朝圣五台山

◇ 时间：崇祯六年（1633）

◇ 地点：五台山（山西省东北部）

◇ 主要人物：徐霞客

崇祯六年（1633），徐霞客从京杭大运河北上进入北京，后向西经河北，到山西游五台山和恒山，之后返回北京，南下回家。

徐霞客于七月二十八日离开北京，八月初五进入山西界，从五台山东南沿清水河上山，八月初八经五台山北面华严岭下山，一路向北游恒山。

五台山有东、西、南、北、中五个平台高地组成，徐霞客未登东台，旅游顺序为：南台—西台—中台—北台。

徐霞客从小就有遍游"五岳"的志向，直到1633年这一年，他还没有去过北岳恒山。这名"墨颧雪齿、身长六尺、形似枯木"的中年男人意识到，留给自己的时间不多了。

一方面，李自成在西北起事有年，战争已经开始向河南蔓延；而皇太极在东北虎视眈眈，不断蚕食着大明王朝的势力范围。

这一切都指向一个巨大的未知。

另一方面，徐霞客似乎也预感到，筹划中的"万里遐征"将耗尽他生命中的最后一丝能量。

眼看着北游恒山的时间窗口越来越窄，形势逼迫他做出最后的决定：必须尽快去恒山，一刻也不能耽误。

按照以往的习惯，在规划旅游路线时，他会用尽可能短的行程串起尽可能多的景点。但这一次，考虑到路程本身就很远，而他又不想横生枝节，更需要避开战争，所以，徐霞客认为，最好的方案就是：直来直去。

如果非要为北岳之旅叠加别的行程的话，那么也只可能是五台山。

五台山同样在山西东北部，与恒山南北相望，中间只隔了一个繁峙县。

于是，崇祯六年（1633）七月二十八日这一天，徐霞客从北京出发，向五台山走去。

八月初四，徐霞客沿河北阜平南关—太子铺（现为塔子铺，徐霞客在游记中应系口音问题错记）—鞍子岭一线（大体与今天的沧榆高速重合），至龙泉下关住宿。

八月初五，徐霞客经龙泉上关，进入山西五台县境内。

当天，他没有作片刻停留，而是直接从五台山东南沿清水河北上，开始了五台山之旅。

清水河是五台县境内最重要的一条河流，发源于五台山，自西北向东南流至山下，后流向西南，汇入滹沱河。

清水河在五台山上的这一段，又被称为"五台水"或"台山河"。

徐霞客上山，走的就是五台水一线：经过天池庄（现为金岗库乡），向西北到白头庵村，然后向西游白云寺，再向西南游千佛洞（现为佛母洞），夜宿于靠近南台的一个小山村。

八月初六一大早，徐霞客经历了两次极端的天气变化。他在当天的日记中写道："风怒起，滴水皆冰；风止日出，如火珠涌吐翠叶中。"意思是：一阵狂风突然刮起来，非常寒冷，滴水都能变成冰；等到这阵风停了，太阳出来又像火球一般从翠绿的树叶中喷薄而出。如此画面，真是异常壮美。

不知道读者朋友们是否会感到奇怪：夏秋时节，往往还残留着一丝暑气，民间称之为"秋老虎"，这里为什么反倒是"滴水皆冰"？

原来，五台山地势很高，气温因而常年较山下偏低。这也是它被称为"清凉山"的缘故。

不过，也有人说，这是因为明朝末年气候转冷而致。

不管怎样，在夏秋之交突然遭遇这么冷的天气，还是很让人吃惊的。

后来，徐霞客在明媚的日光中向南台走去，路过灯寺，登上南台绝顶。

南台的正南方不远处便是古南台。

为什么又出现一个古南台呢？

因为在不同的历史时期，人们所确定的南台的位置是不同的。相传在这个古南台之前，还有一个更古老的南台。

从南台下来，徐霞客向西翻过金阁岭，到达清凉寺，在清凉寺游览了一番。这里有一块岩石，像灵芝一样，上面平整，下面尖尖的。不过，这一朵巨型"灵芝"上面可以站400多个人呢！

出清凉寺，徐霞客向西北沿栈道拾级而上，到达马跑泉。

从马跑泉下来，天色已经变暗，徐霞客当晚便住在狮子窠（又称"狮子窝""文殊寺"）。

八月初七，徐霞客继续向北行进，目标是西台。他走过化度桥（已无，不可考），沿着崎岖不平的山道向西登山，不久就登上了西台绝顶。此时，只见红日映照着群峰，个个呈现出奇异的姿态。从西台下来，他又游览了闭魔岩、八功德水。

据说八功德水的西来寺历史比五台山更久远，故有"先有八功德水，后有五台山"的说法。

徐霞客从西来寺出来，往西北走，不久就来到了中台。他便开始游中台南边的龙翻石。

龙翻石其实是山坡上散乱的一片石块，其背后还有一个传说故事呢！

相传五台山以前叫"五峰山"，我们可想而知，五个平台原来是五座高耸的山峰。这里气候非常恶劣，当地居民一度无法生活、苦不堪言。文殊菩萨见状，就去东海强借来歇龙石（又称"清凉石"，五台山上亦有相关景点），并将其放在山顶上，使得当地的气候变得清凉无比。

歇龙石原本是龙王的五个儿子歇脚的地方，他们见歇龙石被借走，就追到这里来讨要。就在他们寻找歇龙石的过程中，五座山峰被龙尾扫成了五个平台，山石也被抓得粉碎，落得满地都是。

故事只是故事，但当地气候清凉，却是真的。徐霞客见到背阴的山崖上挂着几百丈长的冰柱，还听当地人说，他从北京出发的那一天，这里刚下过雪。

七月下雪，对这个南方人还说，真是奇事一桩。

从中台北面下来，向北登上澡浴池，之后继续北上，徐霞客登上了五台山的最高峰——北台。太阳落山后，这

里又开始狂风大作。当晚，徐霞客在北台的灵应寺住宿。

八月初八一大早，徐霞客就要离开五台山了，老和尚石堂送出很远，并指着远处的群山逐一介绍道："北台的下面，东台的西面，中台的中间，南台的北面，有一个山坞叫'台怀'，这就是五台山各台的方位情况……这里距离东台有四十里，华严岭就在途中。如果你要去游恒山，不如直接经华严岭向北下山，可以省去四十里的路程。"

听了老和尚的这一番分析，徐霞客深表赞同，于是放弃了登东台，而是直接向北走去。

一件有意思的事情是，当走到一个叫"野子场"的地方时，徐霞客注意到，山上野生的天花菜（五台山特产的蘑菇，今称"台蘑"）突然不见了。在南面的白头庵，徐霞客就注意到了这种蘑菇，并一路跟踪至此。

原来，徐霞客一路上都在观察各地的水文、气候、植被等，而且观察得相当仔细。

不要看他行色匆匆，就以为他只是走马观花，"地理学家""旅行家"的名头，可不是人们白给的。

知识大串联

中国佛教四大名山

与道教一样，佛教也往往藏在名山之中。其中，山西五台山与浙江普陀山、安徽九华山、四川峨眉山合称"中国佛教四大名山"。它们被分别传为文殊菩萨、观世音菩萨、地藏菩萨、普贤菩萨的道场。

趣味小贴士

"五台山"名称的由来

《名山志》载："五台山五峰耸立，高出云表，山顶无林木，有如垒土之台，故曰五台。"

五台山的名字来源于耸立的五座山峰，分别是中台山、南台山、北台山、东台山、西台山。这五座山峰象征着五方五岳。

读万卷书　行万里路

15 圆梦恒山

◇ 时间：崇祯六年（1633）
◇ 地点：恒山（山西省东北部）
◇ 主要人物：徐霞客

徐霞客于八月初八从五台山北麓下山后，一路北上，初九进入浑源州境，初十游龙山和悬空寺，八月十一日登恒山之巅，当天返回浑源州境西门外。

由于恒山景区的面积远小于五台山，所以徐霞客不仅能一日往返，还能以高难度的方式登顶恒山绝顶——天峰岭。

恒山的核心景点呈南北分布，在游完恒山西侧的悬空寺后，徐霞客来到恒山南麓的山门口，后由南向北游览，直至登上最北的顶峰。

八月初九，徐霞客出五台山，沿途经沙河堡（现为砂河镇）—义兴寨—朱家坊—葫芦嘴一线，一路向北，在土岭一个姓同的村民家住宿。

八月初十，徐霞客登箭筈岭（现为箭杆梁），过龙峪口（现为凌云口村），远观龙山，之后向东踏上大路；沿

大路向西北方向前进，直至来到恒山的山麓。

魂牵梦绕的北岳恒山，终于近在眼前了！

说到恒山，我们就不能不说一下十里河。

十里河自北向南从恒山西边切过，而在十里河西岸的峭壁上，正是著名的悬空寺。

徐霞客在游记中所描述的"两崖壁立，一涧中流"，正是这种景观。

河西的翠屏峰和河东的天峰岭隔河相望，形成了一个天然的门阙。徐霞客认为，这一门阙比河南洛阳的伊阙和福建武夷山的九曲都要壮观得多。

悬空寺是在悬崖峭壁上所修建的寺院，原来叫"玄空阁"，后来才改为"悬空寺"。

"玄空"和"悬空"虽然读音相似，但是含义却完全不同。

"玄"为道家宗旨，"空"为佛家义理，"玄空"具有明显的宗教意味；而"悬空"仅指建筑方式奇特，就像悬在悬崖之上。

不过，悬空寺的奠基人，也许正是想以"悬空"代指"玄空"吧！

那么，这座寺院是如何建造的呢？徐霞客在看到山崖上凿有许多孔洞后，就提出了一个猜想：当十里河涨水的时候，人们就坐船靠近山壁，然后在山壁上凿出小孔、插入木棍，以供建寺使用。

如今，悬空寺下还留存着徐霞客当年在游记中所称颂的"天下巨观"四个字。

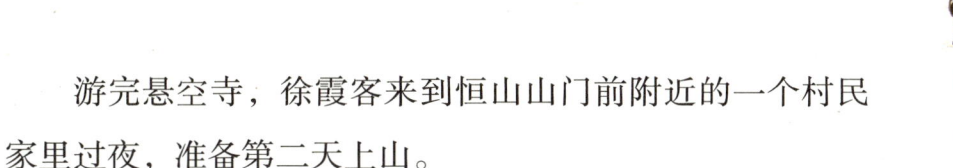

游完悬空寺，徐霞客来到恒山山门前附近的一个村民家里过夜，准备第二天上山。

八月十一日，天气晴好，碧空如洗，徐霞客拄着拐杖，向东北方向前进。

一路上他经过了望仙亭（今望岳亭，又称"望山亭"）、虎风口、"朔方第一门"牌坊、寝宫、北岳殿、会仙台（现为会仙府）、北岳顶峰。

行进到望仙亭之前，他留意到山上都是煤，不用深挖就能采到煤。

而现在的浑源煤田正是山西省重要的煤矿之一。

这完全符合他的观察。看来，什么蛛丝马迹都逃不过他的眼睛。

游恒山，当然不能错过天峰岭。

他在山崖对峙的缝隙中艰难地走向绝顶，就算被荆棘划破衣服和手足，他也甘之如饴。

直至走到荆棘尽头，他这才眼前一亮，彼时，天色澄明，俯瞰恒山的北面，崩塌的石崖杂乱地堆在地上，其上覆盖着密林。

奇怪的是，这里的土山上完全不长树，树全都长在了石山上。而天峰岭北面全是石山，所以树都长在了那一边。

走下山峰，俯瞰山下一片茫茫，他不知道该怎么走了。

这时，徐霞客突然看到山上站着一个人，于是就向他问路。那个人告诉徐霞客，他应该沿着东南方的松柏林下去。

徐霞客顺着所指点的路线走下去，果然找到了路。

徐霞客在峰顶往下看时，松柏树就像草茎一样细小；而当下到松柏林里时，他才发现，它们都是参天大树。

沿两崖之间的缝隙走去，就到了寝宫右面。

眼看天色不早，他便由此下山，在夕阳中经过悬空寺，来到浑源城西。

至此，徐霞客完成了自己的圆梦之旅。

这一次，也是他人生中的最后一次北游。

知|识|大|串|联

"五岳"是指哪五座山？

"五岳"是中国五大名山的总称，分别是指东岳泰山、西岳华山、南岳衡山、北岳恒山、中岳嵩山。东、南、西、北、中，是以中原地区为中心，按各自所在方位命名的。

这五座山景色各异，特点鲜明：泰山雄伟，华山险峻，衡山秀丽，恒山奇崛，嵩山古朴。其中，古人认为泰山最高，称其为"五岳独尊"。

趣|味|小|贴|士

恒山曾经"搬过家"，是怎么回事呢？

恒山史称"北岳"，亦称"元岳""紫岳"，《水经注》称其为"玄岳"。《书·禹贡》中记载："太行恒山，至于碣石，入于海。"此山在河北省西北部与山西省东北部接壤处，自汉朝至明朝祭祀时，皆在河北曲阳。汉朝时，因避文帝刘恒讳，改称"常山"；到了唐宋时期又改名"大茂山"，为宋国与辽国的疆界。至清顺治中，祭祀北岳移至山西浑源境今恒山后，通称此为"大茂山"。

少年读

徐霞客游记

②

◎舒文／编著

四川辞书出版社

读万卷书　行万里路

饱览杭州美景

16

时间：崇祯九年（1636）

地点：杭州（浙江省杭州市）

主要人物：徐霞客、静闻、顾行

崇祯九年（1636），徐霞客终于开始了他人生中最后一次也是最壮烈的一次万里征程。从1636年放舟启程到1640年被护送回家，其足迹遍布浙江、江西、湖南、广西、贵州、云南，留下了关于西南边远地区风土人情、自然风光、历史文化的详细记录。

九月十九日，徐霞客一行人从老家江阴出发，过上海后西折，于九月二十五日经嘉善进入浙江境内，十月十六日抵达常山，完成浙江境内的行程。

在浙江期间，徐霞客主要游览了杭州西湖周边风景以及富阳洞山、金华北山诸洞、兰溪六洞山。

西湖位于浙江省杭州市，南、西、北三面环山，东边面向市区，山环水绕，步步是景，直到今天依然是我国著名的风景名胜。

1633年从恒山归来后,徐霞客远游西南的想法越来越清晰。

既然最远最难的北岳已经游完,那么登"五岳"的愿望已无限接近完成——南岳衡山此时还没去,但路程不远,几乎没有难度。

可是,在游完"五岳"之后呢?他似乎并不满足。

已经被写入游记的这些山川河岳,在前朝,前朝的前朝,甚至更久远的年代,就已经名扬天下。他虽然旅游了二十多年,但大多数时候是追随前人的脚步。

徐霞客不想重复记述既有的名胜,他想探索未知的风景。

向西去吧!沿着长江一路向西,去看看它的源头。

或者远赴西域,走到连张骞都未曾到过的地方。

或者像玄奘一样,走出大明的疆域,留下自己的"大明西域记"。

总之，他想要重新出发，走出一条前人没走过的路。

同年，他第五次进入福建，去漳州见了自己最好的朋友——黄道周。

他深知，仕途的险恶并不逊于旅途。

他不知道是自己先在旅途中倒下，还是好朋友先在仕途中折戟。总之，两个人见一面就少一面。

操办完两个孩子的婚礼，转眼已是1636年。

不能再拖了！已临近**知天命**（50岁）之年，他也渐渐感觉体力大不如前，随着年纪越来越大，只会有更多的病痛找上门来。

九月十九日，这是一个秋高气爽的日子。正在为出门做准备的时候，好朋友杜若叔来了。两个人于是借酒叙旧，喝到半夜才散，徐霞客趁着醉意开船上路。

就这样低调作别吧，太隆重的仪式容易勾人眼泪。

同行的有仆人顾行、挑夫王二，还有莲舟上人的徒弟静闻和尚。这里要重点介绍一下静闻。他的师傅莲舟上人曾于1613年和徐霞客同游天台山、雁荡山，如今已近年迈，计划在不久的将来由静闻接替其住持之位。静闻是一名虔诚的佛教徒，他用自己的血抄写了一部《法华经》，发愿要将这部血经供奉到云南的鸡足山。他和徐霞客目的不同，但目的地是一样的，于是打算结伴而行。

离开江阴后，他们向东迂回，徐霞客分别在无锡、苏

州、上海与一众老友告别。好朋友或赠以**盘缠**，或赠以书信委托沿途的熟人照顾徐霞客。

九月二十八日，徐霞客一行人取道京杭大运河到达杭州，晚上去昭庆寺，夜宿船上。

如今昭庆寺已经不见了踪迹，但却是徐霞客当时在杭州逗留期间的"大本营"。

昭庆寺原址在西湖北岸，因为靠近断桥，历史上也是香客不断、人潮汹涌的所在。

民国时期，昭庆寺不幸毁于一场火灾，之后再也没有被重建。中华人民共和国成立后，昭庆寺内原来的大雄宝殿被翻新，成了现杭州市青少年宫的一部分，殿上挂的匾额是"联欢厅"。

盘缠

古代称路费为"盘缠"。那时的钱币除了黄金、白银是锭状外，其他多为铜钱。铜钱是一种中间有孔的金属硬币，人们常用绳索将铜钱成串吊起来。在出远门办事之时，人们往往只能带上笨重的成串铜钱，而把铜钱盘起来缠绕在腰间的携带方式相对方便又安全，因此古人将这又"盘"又"缠"的旅费称为"盘缠"。

饱览杭州美景

九月二十九日，徐霞客忙着给朋友写信，静闻则去游览了吴山和净慈寺。

吴山在西湖的东南方向，海拔不高，今天仍是西湖周边重要的景点之一。

净慈寺在西湖的南岸，与雷峰塔相对。说到"净慈寺"，读者朋友应该不会陌生，宋代杨万里有一首《晓出净慈寺送林子方》：

> 毕竟西湖六月中，
> 风光不与四时同。
> 接天莲叶无穷碧，
> 映日荷花别样红。

六月的某天早晨，杨万里走出净慈寺，送别远赴福建上任的好友林子方。诗歌所描写的，正是杨万里在净慈寺附近所看到的西湖美景。

说回正题。九月三十日，徐霞客一行人进入杭州城，采买了一些旅行用具，晚上回到昭庆寺住宿。

十月初一，天气晴好，只是西北风有点大。徐霞客决定在西湖周边游览一番。

他和静闻登上西湖北边的宝石山，四面眺望：南面的西湖波光潋滟，北面的群山连绵至远方，西面的山峰上岩石高峻奇特，东面的杭州城内万家烟火。

从宝石山下来，他们来到岳王墓，墓边竖立着的正是南宋初抗金名将岳飞奏稿的碑刻，墓前有秦桧等人的跪像。

瞻仰碑刻，近500年前的往事似乎涌上心头：这位抗金名将本想直捣黄龙、重整河山，却最终惨死于风波亭。"还我河山"似乎不是对金人的怒吼，而是对南宋朝廷的嘲讽——说尽了这个政权的不体面。

然而，历史是如此吊诡，这个"直把杭州作汴州"的朝廷，竟也苟安了100多年，孕育出更加富庶、美丽的杭州。

徐霞客没有想到，多年以后，他的好友黄道周同样会为了一个南方小朝廷而壮烈殉国。

从岳王墓来到飞来峰下，已近中午，徐霞客和静闻在集市上吃过午饭，随即游览了飞来峰下的几个山洞，然后攀上峰顶。

从飞来峰下到灵隐寺，徐霞客看到了一派祥和的景象：一个老和尚裹着袈裟，默默地坐在中间的平台上，仰面享受着阳光；有两三群美丽的妇人接踵而至，同样坐在阳光下休息，仿佛忘记了时空。

灵隐寺是一座历史悠久的禅宗寺院，不仅出过很多高僧大德，也有不少动人的传说（如济公和尚的故事）。寺内有无尽的珍宝，山坡上的石窟造像也是数不胜数……

两人随后登上枫树岭，依次游览了上天竺（今法喜寺）、中天竺（今法净寺）、下天竺（今法镜寺），出下天竺来到茅家埠时，太阳已经落山。两人坐船游西湖，回到昭庆寺时，天已经黑了，伸手不见五指。

十月初二，一行人告别昭庆寺的湛融和尚，乘船离开杭州，继续向西、向南而行。

读到这里，读者朋友是否会发现一个问题：为什么徐霞客记述的是西湖周边的风景，而不是西湖本身的风景？

围绕着西湖分布有很多著名景点，比如从南宋开始的"西湖十景"，徐霞客数次路过杭州，不可能不熟悉这些景点，那么他为什么没有对这些景致进行详细的描写呢？

可能在徐霞客看来，太熟悉的风景反倒不值得记录了吧。

但这不代表西湖不值得一看。相反，你如果想领略典型的江南美景，一定要去西湖看看。

知识大串联

西湖十景

原有的"西湖十景"包括：苏堤春晓、曲院风荷、平湖秋月、断桥残雪、花港观鱼、柳浪闻莺、三潭印月、双峰插云、雷峰夕照、南屏晚钟。

"西湖十景"可以用十个字来简记：春夏（曲院风荷）秋冬花，晚云夕月柳。

趣味小贴士

为什么说"上有天堂，下有苏杭"？

南宋范成大曾在《吴郡志》中引用当时的谚语"天上天堂，地下苏杭"，明朝时这句谚语又变成"上说天堂，下说苏杭"。如今的"上有天堂，下有苏杭"应该是在宋明时期的谚语基础上糅合了清朝时"上有天堂，下有员庄"一句的措辞而来的。

"苏杭"并称应该源于唐朝，大概是因为当时杭州的发展略逊于苏州，因此人们称"苏杭"而不是"杭苏"。

原文赏析

【原文节选】

十里至飞来峰,饭①于市,即入峰下诸洞。大约其峰自枫木岭东来,屏列灵隐之前,至此峰尽骨露;石皆嵌空玲珑,骈列②三洞;洞俱透漏穿错,不作深杳③之状。

【注释】

①饭:这里做动词用,意思是吃饭。②骈(pián)列:并列,并排。③深杳(yǎo):幽深杳渺。

【参考译文】

(再走)十里后到达飞来峰,在街市上吃了饭,就来到飞来峰下面的几个山洞。大约这座山峰是从枫木岭向东延伸而来的,像屏风一样横列在灵隐寺的前面,到此处峰脉终止,石头裸露出来,都是中空玲珑的,有并列的三个洞;各洞都通明透亮,交错贯穿,并不显出幽深杳渺的样子。

读万卷书　行万里路

17 探金华三洞

◇ 时间：崇祯九年（1636）
◇ 地点：金华三洞（浙江省金华市）
◇ 主要人物：徐霞客、静闻、顾行

1636年十月初二游完西湖后，徐霞客一行人向西过余杭、临安、富阳（随着杭州主城区框架的不断扩展，这些县市如今都成为杭州市的区），沿分水江向南至桐庐，再沿富春江、兰江南下，过建德、兰溪，于十月初八到达金华西门外的旅店住宿；后遍游北山诸洞，于十月十一日返回兰溪；向西经龙游、衢州，于十月十六日宿于常山县城西边的十五里村，准备向江西进发。

金华山横亘在金华北、兰溪东，整体呈东西向分布。徐霞客的旅游路线为：由金华城向北到达金华山南麓，游金华三洞等景点；向西过玲珑岩，进入兰溪界，游兰溪三洞等景点；再下山到达兰溪城南。

十月初八，徐霞客吩咐顾行在兰溪县城南门的旅店内看守行李，自己则和静闻一起去游金华三洞。两个人本来想走陆路，但看到金华江上有逆流向东去的船只，便直接

上了船。

　　船行到半路,他们才发现不对劲:北面的山高耸于云天之外,在火红的枫叶的掩映下,异常美丽,那明显是金华山,但船却是一路向东南方驶去,与北山渐行渐远。

　　徐霞客赶紧问船夫:"金华三洞在什么方位?"

　　船夫说:"在北边。"

　　徐霞客又问:"那金华城呢?"

　　船夫说:"在南边。"

　　徐霞客恍然大悟:原来金华三洞在城北而不在城区,游览金华三洞,根本不需要进金华城。奈何已经上了"贼船",只能继续往前走,两人于深夜来到金华城西门外住宿。

　　十月初九,天色澄碧,仿佛用水洗过一样。徐霞客、静闻走出城西门,向西北走了十里后到达罗店(今罗店镇),找人打听情况,当地人说:"北山向东下延的地方,在南面成为芙蓉峰(今尖峰山),北山向西下延的地方,在南面形成三洞，三洞再往西，就是兰溪的辖境。"

徐霞客本想直接先去三洞，然后返回兰溪，但转念一想，芙蓉峰或许有其他景致，既然来到峰下，就不要错过。

而从罗店向东北走到智者寺之后，他们发现芙蓉峰又矮又小，于是便没了兴致，直接奔北山而去。过清景庵、杨家山（应为今羊角山）、鹿田寺（今鹿田书院）、斗鸡岩、棋盘石、西玉壶，二人登顶三望尖。

其时，太阳正好落山，山下有一片水光映照着落日余晖。暮色渐起时，明月照耀大地，万籁俱寂，两个人仿佛与自然融为一体。徐霞客不禁赞叹道："回念下界碌碌，谁复知此清光！"意思是：回想山下忙忙碌碌的人世间，谁又能想到这里有如此清朗的月光呢？

即使山下有人登上高楼咏怀，跟徐霞客和静闻此时的愉悦心境比起来，似乎也不足称道。

欣赏过这美好的日夜之景，两人返回鹿田寺，洗浴后入睡，当晚无话。

十月初十，东方微微露出曙光，两人就起床吃饭，准备去游金华三洞。鹿田寺的瑞峰和尚、从闻和尚帮忙制作了几个火把，用肩扛着跟在徐霞客、静闻身后。

金华三洞是指朝真洞、冰壶洞、双龙洞，三洞的位置依次向下。既然朝真洞在最高处，他们于是就从这里开始。

朝真洞洞口开阔，洞内地势逐渐下降。他们举着火

探金华三洞

把走进去，看见左边有一个洞穴，洞穴中有水滴落，但洞底却是干的，不知道水从哪里流出去了。再往洞底走去，有高高低低的巨石，石缝间有一条弯月形的巨大缝隙，洞外的光亮从缝隙中透进来。走出内洞，洞的左边还有两个洞，一个很浅，一个则深不见底。

朝真洞内崎岖高旷，有"一线天""石花瓶""螺蛳洞""石棋盘"等各种岩石，形态万千，别有一番趣味，让人不忍离开。

流连许久，他们离开朝真洞，向冰壶洞走去。冰壶洞洞口朝天，垂直而下，形似水壶，冰花玉屑飞溅，在黑暗中闪耀出洁白的光彩，故名"冰壶"。

徐霞客先把拐杖扔下去探底，然而，拐杖滚滚而下，他们也根本看不见洞底。一行人举着火把，沿洞口向下，进入狭小的洞口，忽然听到水声轰鸣。于是，他们又举着火把朝水声走去，但见一条瀑布从空中坠下，水花四溅，在黑暗中闪闪发亮。水坠入岩石中，同样不知道流向了哪里。洞向内延伸，空间很大，深度超过朝真洞，但论蜿蜒曲折，则比不上。

三洞中最有意思的是双龙洞。一行人从冰壶洞出来，下到双龙洞，但见有两个洞口，一个朝西，一个朝南，都是外洞。

外洞高高隆起，空旷明朗，像一个大厅，洞内下垂的**石钟乳**摆出各种各样的奇怪造型。外洞的后面有一道流水，是从一个狭隘的通道流出来的，而通道直通内洞。

原来这里有两个洞，一内、一外，通过一个水道相连。要想进入内洞，必须通过这个水道。这可让人犯了难。

显然瑞峰和尚更有经验，他已经从住在附近的潘姥姥家借了浴盆。

徐霞客脱下衣服放在浴盆中，自己则光着身子伏在水中，用手推着木盆进入隘口。

穿过隘口，就进入了内洞，内洞同样高高隆起，空间

石钟乳

溶洞中自洞顶下垂的一种碳酸钙沉积物。降落在石灰岩地面的雨水，沿着岩层裂缝溶蚀石灰岩，含有碳酸氢钙的雨水从洞穴顶部下滴时，水分蒸发，二氧化碳逸出，水中析出的碳酸钙逐渐凝固沉积，形成悬在洞顶上的锥状物体，叫作石钟乳。

这种现象在我国广西、云南等地的岩洞中比较常见。

比外洞还要大。洞中的石钟乳色泽润洁，形态奇幻，排列整齐。石钟乳下方，则是像门一样的缝隙，曲折蜿蜒，玲珑可爱。再往里走，低矮的水洞里有清水汩汩流下，直接用嘴接着喝，异常甘甜清凉。

出洞来，已近中午，众人到潘姥姥家吃了小米饭。为答谢潘姥姥的好意，徐霞客以一把杭州伞相赠。

辞别瑞峰和从闻，徐霞客和静闻又游览了讲堂洞；进入兰溪界，又游览了兰溪六洞山的涌雪洞（现为水源洞）、紫云洞和上洞（现为白云洞）；后沿西面的山岭下山，到达兰溪南关。

金华三洞是著名的溶洞景观，历代文人雅士如南朝的沈约，唐代的孟浩然、陈子昂，宋代的苏东坡、王安石，都撰有相关诗文，而到了现代，郭沫若、叶圣陶等名家也有相关记述。其中叶圣陶的《记金华的双龙洞》入选小学语文教材，使得数代人从小就熟知双龙洞的奇异风景。

知识大串联

金华火腿

浙江金华盛产一种火腿，肉质鲜美，红白分明，属于中国国家地理标志产品。其以猪的后腿为原料，加上当地独特的气候条件，采用特殊的腌制方法制作而成。

趣味小贴士

黄大仙的传说

黄大仙的传说在我国东南沿海、港澳地区和海外华人中非常流行，而这位黄大仙相传就跟金华山有关。

黄大仙本名黄初平，是魏晋时期人，曾躲到金华山洞中修行。他哥哥一直找不到他，后来在山洞外遇见。黄初平对着满山的白石头一声呵斥，白石头竟然立马变成一只只羊。他哥哥见他道法如此高深，后来也跟着他一起修行。徐霞客在金华山鹿田寺旁所看到的石浪，想必就跟这个传说有关。

读万卷书　行万里路

游弋阳龟峰

⑱

◇ 时间：崇祯九年（1636）
◇ 地点：龟峰（江西省上饶市）
◇ 主要人物：徐霞客、静闻、顾行

崇祯九年（1636）十月十七日，徐霞客一行人由浙江常山进入江西玉山，向西经上饶、铅山、弋阳、贵溪、金溪到南城，后在黎川、南丰转了一圈，重新从南城出发，继续西行，经宜黄、乐安、永丰、吉水、吉安，于崇祯十年（1637）正月初十由永新进入湖南。

在江西期间，一行人主要游览了龟峰、龙虎山、麻姑山、会仙峰、军峰山、青原寺、梅田洞、武功山等风景名胜。

龟峰位于弋阳南郊、信江南岸，景区面积不大，各峰海拔不高。徐霞客于十月二十日从北面上山，夜宿龟岩寺（原瑞相寺，今无，遗址大约在千年古樟树的位置），沿六道山谷遍游诸峰，盘桓三日后于十月二十二日西出弋阳，夜宿贵溪境内。

今昔对比，可知龟峰诸景点名称变化较大。

十月十九日，徐霞客一行人吃过早饭后，坐上从铅山去往贵溪的船，沿信江向西。在铅山县西境，众人见有山峰兀立北岸，那便是**叫岩**。

徐霞客想登上去饱览一番，便让船家稍作停留。然而，徐霞客走到中途却迷了路，又担心船家不能久等，便忍痛割爱，返回船中，继续西行。

> **叫岩**
>
> 这里有大大小小几十个岩穴，近看很像动物的头露出水面、张口喘息的样子，而远看就像是动物在呼叫，故而有了"叫岩"这个名字。

船行三十余里，夕阳西下，但见西南方有一座孤峰直插天际，于是徐霞客就赶紧问船家那是什么山，船家说："那是弋阳的龟峰。"

渴慕已久的龟峰近在眼前，当然不能错过。

但是，一行人当初跟船家说好了目的地是贵溪，而且船费已经付了大半。无奈，徐霞客只能把行李交给静闻，让他随船继续西行，到贵溪等着；自己则和顾行在弋阳东门上岸，在旅店过夜，为第二天的龟峰之旅做准备。

然而到了后半夜，狂风大作，暴雨如注。天明后，雨仍下个不停。但是，徐霞客冒雨也要去。一方面，徐霞客迫不及待想一睹龟峰的芳容；另一方面，静闻在前方等着，他和顾行必须抓紧时间前往会合。

十月二十日早晨，徐霞客和顾行打着伞上路了。两个人从东门进入弋阳县城，然后来到西南门，雨中跟一个行人搭话，才知道对方姓舒，家住龟峰附近，正要冒雨回家。于是，三人结伴同行。

到达信江南岸，经过文星塔，三人来到羊角峤（应为今杨桥）。在蒙蒙烟雨中，徐霞客望见一峰高耸，姓舒的伙伴说："那就是天柱峰。"

"龟峰"其实是整座山的统称，山间以赭红色岩石为主，石峰、石柱等多为整块巨型岩石。

三人在放生池、展旗峰、振衣台附近盘桓近半日，雨

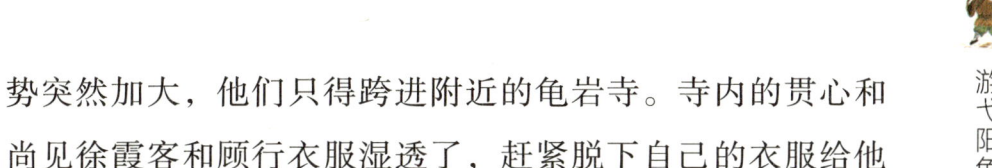

势突然加大，他们只得跨进附近的龟岩寺。寺内的贯心和尚见徐霞客和顾行衣服湿透了，赶紧脱下自己的衣服给他们换上，又点燃了火炉帮他们烤衣服。

这一整天都在下雨，徐霞客于是写了一首《五缘诗》。当晚，三人在龟岩寺住宿。

十月二十一日，天气寒冷，云雾有所收敛，雨势也小多了。

吃过早饭后，众人来到院中，贯心和尚为徐霞客一一讲解。徐霞客听了介绍，对各处的风景仿佛也了然于胸。这时候，老天爷似乎也有成人之美——雨停了。

徐霞客于是拄着拐杖，披着蓑衣，直奔山上，绕着六道山谷仔仔细细游了个遍。

其一是东外山谷的第一圈，有轿顶峰、象牙峰、卓笔峰等。徐霞客转圈游玩，为了找到观赏"饿虎赶羊"的最佳视角，他不畏艰险，直抵城垛峰、围屏峰下。仰面观看，他觉得非常传神，不禁发出"何酷肖也"的赞叹，"酷肖"的意思是非常像。

其二是东外山谷的第二圈，有寨顶、棋盘石、朝帽峰等。徐霞客登上寨顶，来到棋盘石旁。这是一块硕大的岩石，上面平滑得像磨刀石，可以躺卧、休息，岩石有被雕刻的痕迹。只是不知道这么大的棋盘，需要多大的棋子来对弈。

其三是北外山谷的山峰，有接引峰、狮子峰、香盒峰、灵芝峰等。徐霞客本想登上接引峰，但走到岭下，才发现全是陡峭的崖壁，没有地方可以攀登。于是，他从原路返回狮子峰，过香盒峰，登顶灵芝峰，远望天柱峰、狗儿峰两峰对峙。

其四是南外山谷的第一圈，有展旗峰、双鳌峰、明星峰、含龟峰等。徐霞客从西南面登上展旗峰之巅，四方眺望后下来，向南过双鳌峰、明星峰、含龟峰、叠龟峰、双剑峰，再次向东登上寨顶眺望。

其五是南外山谷的第二圈，有水帘洞、寨顶、山脊乱石阵等。

其六是南外山谷的第三圈，有废石寨、朝帽峰、险峡深谷等。

整个龟峰景区，唯独西面的外围没有山谷。

徐霞客时而登顶眺望，时而深入峡谷，往返游走，仔细观摩，直至暮色四合，才返回龟岩寺。贯心和尚见他回来，便急忙端上精心准备的斋饭。

十月二十二日，徐霞客挥毫写下几首诗赠给贯心和尚，以感谢他这几天来的精心照顾。早饭后，徐霞客和顾行在贯心和尚的带领下，游览了摩尼洞、水帘洞。

走近水帘洞时，徐霞客感叹道：龟峰诸峰的奇异形态，是雁荡山比不了的，遗憾的是，这里缺少水的景观。

这里倒是随处有玉珠飞溅，增色不少，但水流的落差太小。

中午，众人在寺内用餐，餐后，徐霞客带着不舍，从西边崖壁上的栈道走出龟峰，向西过排前、分路亭、留口（今流口），日暮时分跨过留口附近的小溪，夜宿贵溪境内。

徐霞客之所以能如此细致地走完龟峰的每个角落，自然跟贯心和尚宅心仁厚地提供方便有关，但更为重要的是，龟峰景区并不大，对体力和脚力的要求并不高。现代人即使全靠步行，也仅需三四个小时。

知识大串联

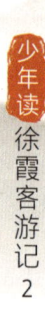

《世界遗产名录》中的"中国丹霞"

2010年，我国将六处丹霞景观组合成一个完整的景观系统，以"中国丹霞"的名义，申报世界自然遗产成功。这六处景观分别是福建泰宁、湖南崀山、广东丹霞山、江西龙虎山、浙江江郎山、贵州赤水。其中，弋阳龟峰与龙虎山捆绑申报，同属世界自然遗产。

趣味小贴士

"龟峰"这个名字是怎么来的？

龟峰景区的岩石多为象形石，形态圆润、厚实，以像乌龟的最多，有"无山不龟，无石不龟"的说法，整座山体更像一只昂首的巨龟，所以被人们叫作"龟峰"。有人嫌"龟"字稍显低俗，一度将其改为"圭峰"。

原文赏析

【原文节选】

上危壁①而下澄潭,潭尽,竹树扶疏②,掩映一壑,两崖飞瀑交注,如玉龙乱舞,皆雨师山灵合而竞幻③者也。既入④,忽见南崖最高处,一窍⑤通明,若耳之附颅,疑为白云所凝,最近而知其为石隙。

【注释】

①危:高险。②扶疏:枝叶茂盛,高低疏密有致。③合而竞幻:互相配合从而争相变幻。④既:已经。⑤窍:孔洞。

【参考译文】

(展旗峰)上面是高险的石壁,下面是澄碧的深潭,深潭的尽头,竹林枝叶茂盛,掩映着整个壑谷,两处山崖上飞流而下的瀑布喷涌交汇在一起,像玉龙乱舞,这都是雨师和山神互相配合从而争相变幻出的美景了。进入壑谷后,突然看到南面山崖的最高处,有一个石洞透着亮光,就像耳朵附着在头颅上一样,怀疑是云气凝聚而成的,走到最近的地方,才知道那是一条石缝。

造型奇特的弋阳龟峰

读万卷书　行万里路

19 登鹰潭龙虎山

◇ 时间：崇祯九年（1636）
◇ 地点：龙虎山（江西省鹰潭市）
◇ 主要人物：徐霞客、静闻、顾行

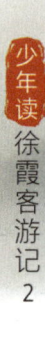

1636年，游完弋阳龟峰和贵溪城多个名胜后，徐霞客一行人转而南下，于十月二十四日夜宿申命地（现已不可考）；之后向西游龙虎山，于十月二十七日夜宿金溪孔坊，准备南下南城。

龙虎山位于贵溪西南，有泸溪河自其山脉东南至西南切过，又自西南至西北切过。泸溪河是龙虎山的主干河流，龙虎山各景点主要分布于泸溪河的两岸。

徐霞客的旅游路线是：自西北方向的马祖岩开始，逆溪流而上，到东南方向的上清宫结束。

十月二十三日，徐霞客、顾行与静闻会合，晚上在贵溪南门的旅店过夜。

十月二十四日，一行人来到西南门的信江，告别贵溪县城，雇了一辆马车向西南继续前进。当晚，一行人到达一个

叫"申命地"的村庄，住在一个乌姓人家开的旅店里。

徐霞客向店主打探附近的景点，店主不仅如数家珍，而且给出了很好的建议："这里向南约二十五里是上清宫，向西约二十里是仙岩，游完上清宫再去仙岩也是近二十里。不如先去游仙岩，再游上清宫。"徐霞客赞同道："店家说得极是！我们就是要走最少的路，看最多的风景！"于是，徐霞客计划第二天让静闻带着行李、坐着马车到南边的上清宫等待，自己则和顾行西去仙岩。

店家又补充道："看来徐先生是个行家。既然这样的话，我再推荐给你一个景点——马祖岩。马祖岩在仙岩以西，你们明天最好直接到马祖岩，然后再向东游仙岩、龙虎岩，最后返回上清宫。"徐霞客对店家的建议深表感谢。

十月二十五日，早饭后，细雨下个不停。三人按照前晚的约定分头行动。

徐霞客和顾行一路向西来到香炉峰（马祖岩景点之一），这里已经是安仁县（今鹰潭市余江区）界。时至中午，雨越下越大，两个人便来到马祖岩一个岩洞里避雨。这时，洞中的僧人刚做好午饭，见徐霞客和顾行进来，显出一脸冷漠的表情，并不打算招呼他们取暖、吃饭，唯恐他们不快点离开。徐霞客见状，拉上顾行，扭头就走。

下得山来，他们游览了一番，又来到了另一个岩洞。刚踏入洞门，一股骚臭味扑鼻而来。原来，这个洞中的僧人将岩洞分成了南、北两个房间，洞中除了住人，还养着猪、狗、牛、马。他们在山下仰望时，但见岩石上雨水形成水帘，掩映着重重叠叠的岩洞，岩洞上的栅栏在高空相连，异常壮观。没想到攀上岩洞后，他们却发现这里是畜生与人混住的场所，洞里黑咕隆咚，宛如地狱。

当时已近黄昏，徐霞客主仆二人的衣服都湿透了，又冷又饿，但洞内的僧人似乎并不打算招待他们。南房的僧人聚在一起做法事，拒绝接待客人，北房的僧人也是同样。

主仆二人在洞口徘徊许久，风一吹，冷得浑身打哆嗦。再找别的住处是不可能了，于是徐霞客厚着脸皮对僧人说："无床可睡，那我们睡到石龛（供奉神像的小石阁）里总可以吧？"众僧人没有一个搭话。躺到石龛稍作休整，徐霞客又让顾行去点火做饭——米和锅当然是顾行一路背来的。

掌厨的僧人本来不想提供柴火，直到徐霞客提出用自己带的米换他们的碎米后，僧人方才答应帮忙烧饭。

主仆二人本想喝几碗热粥，安慰一下委屈了一整天的肚子，没想到僧人端上来的粥里，竟然看不到一粒米。

徐霞客伤心透了！

出游三十年来，佛、道两界给了他很多帮助，每到一处，他也愿意结交僧人和道士，而且总会力所能及地为寺庙、道观奉上一些香火钱。

没想到，在这里，佛门中人竟然毫无慈悲之心。真是天下少有！

愤懑和饥寒交迫中，主仆二人在石龛中和衣躺下，不久就进入了梦乡。

十月二十六日，天刚亮，徐霞客便从石龛中起身了。他让顾行拿剩下的米换了一顿早饭。为了不让顾行跟着自己受苦，他便吩咐顾行先从峡谷中南下，去找静闻会合，自己则打算好好游览一番。

徐霞客孤身一人转到西面的山崖上，顺着原路返回时正好碰见折返回来寻找他的顾行，二人便一同翻上南吉岭。遥望东面群山横翠，他们又奋勇向前，依次游览了排衙石、仙岩、碣石。尤其是仙岩，给他们留下了深刻的印象。

仙岩也称"仙人岩"，在泸溪河的西岸，是一座高耸挺立的巨峰。

而在陡峭的崖壁上，也有像武夷山一样的悬棺景观。

尽管悬棺的吊装方式至今仍是未解之谜，但如今的景区会进行一种演示：用最简单的杠杆原理进行安置。

后来，徐霞客来到兜率宫拜谒，他惊叹于这座古老道观的宏伟壮丽。他徘徊在这山顶的众多洞穴中，沉醉于这世外桃源般的景象里。

经过渔塘村时，徐霞客发现，村中一些造纸作坊排出的污水，让一路清澈的泸溪河变得浑浊不堪。

他们沿泸溪河一路走到蔡坊渡口，见天色已晚，就找了家旅店过夜。

十月二十七日，徐霞客和顾行从蔡坊渡口出发，一步步进入到龙虎山道教文化的核心区域。他们先来到龙虎观（今正一观）参观。龙虎观由张道陵天师四代孙张

盛所建，是正一教的祖庭。游完这座古香古色的道观，他们又徜徉在摩崖石刻中。

之后，他们来到上清街，参观了上清宫（今大上清宫），又向东去参观真人府（今天师府）。

真人府是历代道教天师的起居之所，由府门、大堂、后堂、殿宇、花园等组成。真人府工艺精湛、雄伟壮观，虽然是宗教建筑，形制却类比王府。

从真人府出来，徐霞客的龙虎山之行也就画上了句号。

与静闻、顾行会合后，一行人继续往西南走去，过胡墅岭、石岗山，进入金溪县城东界，经淳塘，来到孔坊。当晚，一行人在孔坊住宿，准备向金溪县城进发。

知识大串联

天师传承

东汉张道陵是道教创始人,也是正一派(又称"天师道")的始祖,龙虎山正是正一派的发源地。龙虎山历代天师,都是张家后人。

随着天师的影响力逐渐扩大,朝廷开始对天师进行册封,就像对山东曲阜孔子的后人进行册封一样。皇权的庇护使得张家和孔家成为中国历史上世系悠远的两大家族,故有"南张北孔"的说法。

趣味小贴士

《水浒传》的故事就是从龙虎山开始的

《水浒传》开篇回目是"张天师祈禳瘟疫,洪太尉误走妖魔",讲述的内容大概如下:宋仁宗命太尉洪信到江西龙虎山去请张天师祈福消灾,洪信游至伏魔殿,打开殿门,见殿内写着"遇洪而开"四个字。谁料想,挖开碑下地穴,竟然放跑了魔王。108个魔王正对应水浒108将。

读万卷书　行万里路

20 游吉安武功山

◇ 时间：崇祯十年（1637）
◇ 地点：武功山（江西省吉安市）
◇ 主要人物：徐霞客、静闻、顾行

崇祯九年（1636）十月二十八日，徐霞客一行人从金溪孔坊继续向西南前行；抵达南城后，向南绕道黎川、南丰，于十一月十五日重返南城；十一月十八日，别南城，继续向西南前行，于十二月三十日到达永新（属今吉安市），未入城，宿刘怀素家。

崇祯十年（1637）正月初一，徐霞客一行人从刘家出发，向北游武功山；初四，出武功山南返；初八，至路江（永新西）与静闻会合；初十，由永新出江西界，宿湖南茶陵境内芳子树下。

徐霞客自出游以来第一个没能与家人团聚的春节就是在永新度过的。

在游武功山之前，有几段亲切的小插曲。

首先，吉安（今江西省吉安市）知府是徐霞客的同族兄弟徐复生。异乡遇亲人，自然倍感亲切温馨。除了宴请、迎送，徐复生还帮助徐霞客寻访到了张宗琏的后人，

了却了徐霞客的一桩心愿。徐霞客为什么要寻访张宗琏的后人呢？这个谜题将在后文中再慢慢揭开。

其次，徐霞客在吉水寻访张宗琏后人时，另一个张姓人氏主动找上门来，自称为张宗琏的近亲。听了对方的介绍，徐霞客发现，他们虽然与宗琏侯是同宗，却是另一旁支，于是对于对方攀附、附会的说辞很不以为然。徐霞客虽然不屑科举功名，却也有着根深蒂固的门第、宗族观念。

最后，在进入吉安府城前，一群当地的恶棍来抢徐霞客所乘坐的船。这群恶棍冒充官府中人，声称要征调船只，用来解送官府银两。徐霞客点出对方的破绽，但对方仍不依不饶，后来，徐霞客上岸叫来当地的**保长**，这群人才怏怏作罢，但船上

保长

我国古代实行保甲制度，以"户"（家庭）为社会组织的基本单位。唐代以四家为"邻"，五邻为"保"；北宋以后以"十户"为"一保"。管理一保的人即为保长。

的行李已被抢劫一空。在这里，徐霞客初次嗅到了旅途中的危险气息，此后，坑蒙拐骗、明抢暗盗的事情越来越多。

回到正题。除夕这天，徐霞客一行人乘船沿永新江（今禾水）来到永新县城，见城门紧闭，只得继续西行。原来，永新县县令为阻止受灾的邻县民众来此地买粮食，就关闭了浮桥；又赶上过年，县衙停止办公，就没人再来开城门。

一行人向西来到一个叫李田（今澧田镇）的地方，赶紧找住宿的地方。虽然此时日头还很高，但因为是除夕，没有店家肯收留他们。正在一筹莫展之际，一个儒生打扮的人路过，问道："先生您是南京人吗？"徐霞客答道："正是。"（明朝时，常州府江阴县隶属南直隶，即南京）儒生说道："我叫刘怀素，家兄在南京为官，我也很快就要去南京，勉强攀附，这也算一种缘分吧！我看先生是要投宿，不妨到寒舍暂住几日。怎么能让从南京来的读书人露宿荒野呢？"徐霞客作揖致谢，当晚住宿刘家。这一天是除夕，但山乡一片寂静，并不像徐霞客的老家，此时应该是爆竹声声。

正月初一，天气晴朗，天空异常明丽。徐霞客告别刘怀素，让静闻带着三个挑夫西去路江（疑为今潞江村），自己则和顾行向北去游武功山。

主仆二人往北进入安福县境内，来到一个叫"陈山"的地方，当晚在李及泉的家里住宿。徐霞客称李及泉为"深

游吉安武功山

山高隐"。

正月初二，早饭后，主仆二人从陈山继续北行，来到一个叫"门家坊"的地方。见前路崎岖，徐霞客担心剩下的半天时间不够用，就在门家坊住宿，为第二天积蓄力量。

正月初三早晨，云气合拢，像是要下雨。主仆二人继续北进，过湘吉湾、何家坊、三仙行宫，来到武功山第二高峰——香炉峰下。他们上登至集云岩，由于小雨打湿了衣服，于是进入集云观休整。这时候，一名道士说可以带他们上金顶，于是一行人向西来到九龙。道士想沿大路向北直接登顶，徐霞客则想走东边的小路，顺便游览观音崖。因为意见不合，道士退还了向导费，自行离开。这时候，雨渐渐大了起来，主仆二人冒雨前行，互相鼓励，终于到达顶峰。当晚，主仆二人留宿金顶茅草庵。

正月初四，主仆二人由茅草庵下山，向西游九龙寺。徐霞客见山路两边都是茅草，没有崖壁高耸、山峰林立的奇观。这里正是武功山上的高山草甸，遗憾的是，当时正值寒冬季节，徐霞客没有见到碧草连天的景观。

从山脊往西下行，来到卢台（应为今芦台村），因为正值新年，各家都在宴请客人，拒不接待主仆二人。后来，二人在一名热心少年的帮助下，当晚得以在一个唐姓村民家住宿。

徐霞客留意到，武功山东、西两峰中，东面山峰（观音崖）是由山脊分出的数条支脉，是土山；西面山峰（九龙寺）石崖高耸攒聚，是石山。因为一土、一石，所以植被、景观也不尽相同。

正月初五，主仆二人继续南行，夜宿石城洞旁边的寺庵。

正月初六，主仆二人行至石门寺，在寺里卜卦时，结识了寺中修行者刘仲珏以及其弟子刘古心。当晚，二人住宿寺中，次日被引至刘家住宿。

正月初八，刘仲珏和他的父亲刘舞雩宰杀牲口，准备款待主仆二人，并挽留他们再住一天。然而，徐霞客请辞，二人向西南方向走去，当晚住宿在西塘王姓村民家里。

正月初九，主仆二人南行至路江，与静闻和挑夫会合。

正月初十，一行人西行至文竹（今文竹乡，在永新县西），继续向西，直至出永新县界，进入湖南。

知识大串联

武功山古祭坛群

　　武功山上留存的古祭坛有10多处，其中最有名的是金顶附近的古祭坛群。该祭坛群是古代祭祀天地的场所，均由花岗岩堆垒而成，距今已有1700多年，被称为湘赣民间祭祀文化的"活化石"。

趣味小贴士

武功山被誉为"云中草原"，你知道是为什么吗？

　　武功山的海拔（一般为1500多米）和自然条件不利于木本植物的生长，而有利于草本植物的生长，因此生成了以芒草为主的连片的草本植物，造就了"云中草原"的奇观。这里也是全球同纬度海拔最高、面积最大的草甸。放眼望去，碧草连天、穿云入雾，最是摄人心魄、沁人心脾。

武功山上的高山草甸和云海

读万卷书　行万里路

21 麻叶洞探险

◇ 时间：崇祯十年（1637）
◇ 地点：麻叶洞（湖南省茶陵县）
◇ 主要人物：徐霞客、静闻、顾行

崇祯十年（1637）正月初十，徐霞客一行人经界头岭由江西永新进入湖南，于正月十一日自芳子树下（今荔市村）西行，经茶陵、攸县、衡山到衡阳；后经祁阳、永州、道县、江华、蓝山、临武、宜章、郴州、永兴、耒阳，在湘南转一圈后回到衡阳；再沿湘江西行，于闰四月初七进入广西。

在游完茶陵县城东的"灵岩八景"（唯伏虎岩未到）后，徐霞客一行人于正月十三日到达茶陵县城南，游云阳山，夜宿赤松坛；正月十四日，登云阳山绝顶受阻，夜宿洪山庙；正月十五日，再次登云阳山绝顶，由南边下山，夜宿新庵；正月十六日，游秦人洞，夜宿新庵；正月十七日，游上清洞、麻叶洞，夜宿茶陵县城西边的黄石铺，准备进入攸县。

"麻叶洞探险"是徐霞客旅途中所经历的高光时刻之一。

茶陵的"灵岩八景"，徐霞客一行人一共游了七景，因为天色已晚且风雨不止，伏虎岩没来得及看。

正月十三日，徐霞客从灵岩返回茶陵县城南门后，并没有进城，而是绕到西门，向南挺进云阳山。

当日，徐霞客在青莲庵僧人的指点下游览了云阳仙、老君岩等景点，晚上住在赤松坛。

正月十四日，徐霞客本想攀登云阳山绝顶，但看见山顶浓雾弥漫、雨没有要停的意思，便辞别赤松坛的僧人葛民，向北下山，在风雨交加中踏入洪山庙，买来柴火烤衣服，一整天坐在火盆边取暖。尽管有船夫多次来招呼他明天乘船走，但他依然只想着登顶的事。

正月十五日早晨，停在溪边的船马上要开动了，有船夫喊徐霞客赶快上船。但徐霞客见天气放晴，山上雾气已经散开，便放弃了上船，而是毅然决定去登云阳山绝顶。

一路上，荆棘密布、乱石丛生，徐霞客甚至还多次看到老虎的窝。为防止被老虎弄伤，他嘱咐顾行手持棍棒跟紧自己，并且避开草木茂盛之处，专走视野开阔的地方。

山上的冰雪层层堆积，两个人一路向南，仿佛穿越在玉树丛林之中。

登上云阳山绝顶后，两个人不想再从原路返回，于是顺着悬崖而下，挂在藤蔓上，倒钩着树枝，从空中慢慢坠下。

他们翻过东岭，远远望去，看到有一个村子。

路过村子，又往东走一里，他们来到新庵，当晚在那里住宿。

细心的读者朋友可能已经发现：云阳山之行，静闻没有跟来，这又是怎么回事呢？

原来，刚进入湖南境内，静闻就和他们分道了。静闻带着行李坐船直趋衡阳，而徐霞客和顾行则绕道西北方向的攸县、衡山，为的是游览更多的景点。

他们约好在正月十七日那天，在衡阳的草桥塔下会面——看来二人无法如期赴约了，因为这天已经是正月十五日，沿途还有很多未知的风景。

正月十六日，他们经过东岭坞村（今东岭村）时，找了一个姓段的村民做向导。向导带着他们从岭上往西走，沿途经过"九十九井"。这里是一些漩涡状的落水坑，像极了仰面放置的大锅。

再往前走，一口巨型大"锅"出现在他们眼前，原来那是一个大山窝。"锅"底有条山涧，山涧东、西两面是秦人洞。

麻叶洞探险

    他们于是走近洞口，发现洞有两个口，均有水流进入，而洞内积水成潭。

    斟酌再三，徐霞客决定从稍小的洞口进入。他让顾行在洞外等候，自己则与向导紧贴洞壁，淌着水向内走。没走多远，他发现洞原来是分成上、下两层的。

    他很想上去探个究竟，但没有任何攀登工具，根本爬不上去。

    再往里走，一汪水阻断了他们的去路。无奈，两个人只好出洞来。

    正值中午，三个人回到向导家烤衣服、吃饭。向导的父亲听了他们游览秦人洞的情况，便说道："你们进错洞口了！你们进的是水流入的东洞，应该进水流出的西洞。"于是，一行人下午又去游览了西洞。

    吃晚饭时，向导的父亲又推荐了另外两个岩洞：上清洞和麻叶洞。徐霞客心想，秦人洞再加上清洞和麻叶洞，

大概就是地方志上所说的"秦人三洞"了吧！游览另外两个洞，于是便成了他们第二天的计划。

正月十七日，徐霞客和顾行辞别向导，经新庵下龙头岭，由旧路返回络丝潭，向上清洞走去。二人中途遇到一个砍柴的人，徐霞客邀请对方做向导。

向导原本拿着火把在前面带路，无奈在进入洞口后又遇到一个狭窄的洞口，他便不敢往前走了。徐霞客只好接过火把，脱下衣服，自己伏在水里，像蛇一样前行。

再往前走，里面变得开阔起来，流水遍布石洞，寒彻骨髓。他想继续穿过内洞里面的狭窄水道，奈何火把带不进去，只得放弃。

出洞后，徐霞客发现早早出来的向导已经悄悄溜走了。这时，顾行点起一堆篝火，让他烤衣服、取暖。等身体逐渐恢复后，徐霞客又想起麻叶洞，于是又向上清洞方向走去。

他们来到附近的村子里去找村民当向导，然而，村民只愿意提供火把，没人敢带路。

有的村民说："洞里有神龙，我们不敢进去。"有的村民说："洞里有妖精鬼怪，除非是有法术的人进去，否则镇压不了。"

俗话说"重赏之下，必有勇夫"，主仆二人最终还是以高价请到一名向导。然而，就在徐霞客正准备脱衣服进洞的时候，向导听说徐霞客是读书人而不是道士，便惊恐地说道："我本来以为你是大法师，所以才愿意跟你一起进洞。你如果只是读书人，我又何必跟你一起进去送死呢？"看来，最后还是没人愿意做向导。

徐霞客只好让顾行将行李寄放到这名不愿"送死"的村民家里，自己与顾行两个人拿了几个火把一起进洞。

附近的村民听说有人要进麻叶洞，都很吃惊，纷纷跑来围观。

砍柴的人也不砍柴了，耕地的人也不耕地了，做饭的人也不做饭了，织布的人也不织布了，男男女女、老老少少，都围过来看热闹。

徐霞客和顾行一人在前、一人在后，先把脚伸进去，然后逐级向下，传递火把。不久，他们便来到洞底。这里的空间稍稍变大，这是第一处石室，可以把火把举起来了。石室的地面很干燥，让人有暖和的感觉。再往里走，又只剩一个小通道。徐霞客先把火把伸入洞口查看，发现没什么异样后，便蛇行前行，进入第二个石室。这个石室比第一个石室更宽敞。不久，他们又找到一个狭窄的洞口，依照前面的操作，进入了第三个石室。这个石室又比第二个石室宽敞。

主仆二人举着火把，在第三个石室内流连许久，饱览了奇异的景致。

终于，他们拿着火把，依次退出了三个石室。刚出洞口，只见黑压压一片围观的村民。见主仆二人出来，村民们无比佩服、赞叹，以为他们有很厉害的法术。有村民说："我们还以为你们被洞里的妖怪吃了，担心你们，却又不敢进去查看。看你们安然无恙，真是再好不过了。要是没有很厉害的法术，你们怎么可能毫发无伤呢？！"

徐霞客一一向村民致谢，并说："我们只是钻洞比较有经验，又喜欢探险罢了。让大家站在这里等这么久，实在不知道该怎么感谢你们！"

于是，主仆二人被村民们簇拥着回到村里，拿了行李，告别众人，一路向西北而来，当晚在黄石铺一家旅店住宿，准备进入攸县。

知识大串联

南岳也搬过家

前一册中曾提到，北岳恒山在历史上曾搬过家，而南岳也有过类似的情况。唐朝初年，茶陵云阳山曾被封为"南岳"，后来被衡山取代，云阳山上至今仍有南岳宫等建筑。所以，云阳山又有"古南岳""小南岳"之称。

趣味小贴士

"秦人洞"这一名字有什么来历？

秦人洞是云阳山三洞（另两个洞为上清洞、麻叶洞）之一，也有人将三洞统称为"秦人三洞"。

"秦人洞"这一名字与陶渊明的《桃花源记》有关。相传有秦人为避乱，找到一个与世隔绝、风景秀丽、安宁和乐、适合生活的地方，而去到这个地方，需要穿过一个洞口。这个洞就被后人称为"桃源洞"或"秦人洞"。

原文赏析

【原文节选】

北驰半里,下有一石,庋①出如榻,楞边匀整。其上则莲花下垂,连络成帏②,结成宝盖,四围垂幔,大与榻并,中圆透盘空,上穹为顶;其后西壁,玉柱圆竖,或大或小,不一其形,而色皆莹白,纹皆刻镂:此衖③中第一奇也。

【注释】

①庋(guǐ):本意是架子,这里是突出的意思。②帏:帐幕。③衖:同"弄",即小巷。

【参考译文】

向北快步走了半里,下面有一块岩石横突出来,就像是一张床一样,棱边匀称整齐。它的顶部有下垂的石莲花,纵横的石条网织成帷帐,盘结成缀满珠宝的伞盖,周围垂挂着帐幕,大处跟卧床大小相似,帐幕中间圆而贯通,向上回旋,上面穹隆形成洞顶;它后面西侧的洞壁处,有一根根圆形的像是用玉石打造而成的石柱矗立着,有大有小,形态不一,而颜色全部晶莹洁白,纹理像是雕刻出来的一般:这便是小石巷中的第一奇景了。

读万卷书　行万里路

22 雨中登衡山

◇ 时间：崇祯十年（1637）

◇ 地点：衡山（湖南省衡阳市）

◇ 主要人物：徐霞客、静闻、顾行

崇祯十年（1637），徐霞客于正月十九日出攸县西门，转向西北方向，水陆兼行，于正月二十一日沿湘江进入衡山县城，开启南岳之行，于正月二十九日向南抵达衡阳。

衡山位于衡山县西郊（衡山所处位置以前属衡山县，现在属衡阳市衡山区，为便于理解，本文采用旧区划进行叙述），核心景区的景点主要呈南北分布，入口即衡山南麓的南岳大庙。

徐霞客游衡山共八日，主要行程如下：二十一日，游衡山东北水帘洞，宿岳庙；二十二日，自岳庙上登至上封寺，宿上封寺；二十三日至二十五日，无行程，宿上封寺；二十六日，登顶祝融峰，从西南下至福严寺，宿明道山房；二十七日，向西游天台寺、方广寺等，宿方广寺；二十八日，游至衡山西界，后南下，宿横口，准备进入衡阳界。

游完云阳山之后,徐霞客打算往西北方向绕一下,然后再向南进入衡阳与静闻会合。

此次绕道,他有一个非常重要的目标,那就是游衡山,完成"五岳"之志的最后一块拼图。

于正月十八日进入攸县县城后,主仆二人本想找一条船,沿洣水顺流而下,但一直等不到船。徐霞客考虑到洣水在攸县以西向南拐了一个大弯,走水路不如走陆路快,而且跟静闻在衡阳碰面的约定已经严重超期,于是,徐霞客不想再浪费时间,打算再走一段陆路。

主仆二人向攸县以西走出很远,于正月十九日来到太平寺村。太平寺村就在洣水岸边,为了方便等去衡阳的船,主仆二人干脆在停泊于岸边的船上过夜。

第二天,两人很快就雇到了船,于是乘船朝西北方向驶去。船行一昼夜,于正月二十一日进入湘江,后沿湘江

继续北上，到衡山县城东登岸。

两人绕到县城南门进城，从西门出城，来到南岳大庙。

我们前面说过，"五岳"都有相应的岳神庙，嵩山有中岳庙，恒山有北岳庙，衡山自然也有南岳庙。"五岳"并不是民间的说法，而是封建朝廷的敕封。岳神庙不仅是为了接受民间的拜谒，更是官方举办祭祀仪式的重要场所。

进庙朝拜过南岳圣帝，已值中午时分，两人便来到庙外的集市上吃饭。

饭间，徐霞客主动跟当地人搭话，询问衡山各景点的情况，尤其注意打探水帘洞的方位。有当地人说："想登顶的话，沿岳神庙往北向上走就行。水帘洞可不是在这个方向的，水帘洞在东北方向。"

结合自己所读过的地方志，徐霞客已经基本熟悉各主要景点的方位。但让他犹豫不决的，是先登顶还是先去水帘洞。此时，他脑袋里似乎有两个小人儿在不停地辩论。

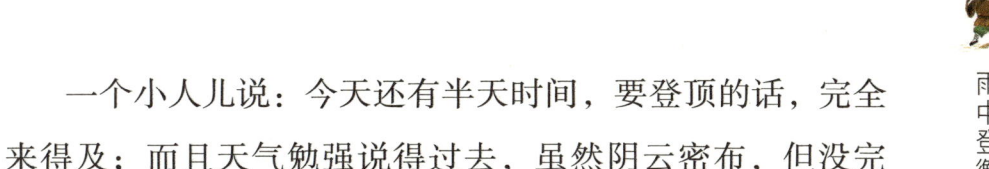

一个小人儿说：今天还有半天时间，要登顶的话，完全来得及；而且天气勉强说得过去，虽然阴云密布，但没完全遮蔽天空。如果明天登顶的话，说不定会碰上大雨。

另一个小人儿说：如果不优先游览水帘洞，之后恐怕就没机会了；衡山西面还有很多地方要去，一旦去到西边，就不可能再返回东边看水帘洞，而是直接从西边南下衡阳了。

终于，第二个小人儿占了上风。吃过饭，主仆二人便朝东北方向走去。

进入山谷，他们远远地就听见瀑布的声音。徐霞客本以为水帘洞就在附近，但一个刚好路过的砍柴人告诉他："水帘洞离这里还有好几里路。"谢过砍柴人，他们继续往山谷里走，终于来到了一个水潭前。

远远望去，一条又宽又高的瀑布从石崖上倾泻而下，珠玉飞溅，声音震耳欲聋。石崖北面的石壁上刻着"朱陵大沥洞天"六个大字，旁边还有"水帘洞""高山流水"等题字，应该都是宋朝人、元朝人写的，但看不清落款。

徐霞客于是又找人带自己去找九真洞，但找得不对。天色渐暗时，主仆二人返回南岳庙住宿。

一个小小的水帘洞，徐霞客本想快去快回，但没想到，竟也浪费了半天时间。

正月二十二日，徐霞客觉得行程非常紧张，于是一早就快速向山上走去。

主仆二人过半山亭、铁佛寺，为了尽快登顶，沿途一些寺院都没有进去参观，后来由丹霞寺上了南天门。

南天门的石牌坊高大雄伟，在云雾的笼罩下显得更加庄严肃穆。

南天门是衡山的分水岭，其南为前山，其北为后山。过南天门向下再向上，就是衡山主峰——祝融峰。

按照民间的说法，南天门是仙界和凡界的分界线，过了南天门就超凡入圣，进入九天之上的仙界了。

此时的徐霞客疾步如飞，往南游览了飞来船、讲经台等，然后辗转到达上封寺。

上封寺历史悠久，东汉时为道观（光天观），后隋炀帝时下令改观为寺。因为是奉旨修建，所以人们称之为"上封寺"。明朝时期，信徒捐赠给上封寺一些铁铸的瓦，从此上封寺就变成了铁瓦石墙，附近的祝融殿也是如此。

要说上封寺，规模虽然并不大，但徐霞客的到来却为其增添了不同的文化意义。

徐霞客一路疾走，本来想快速登顶，却在只差"临门一脚"时停下了脚步。祝融峰近在眼前，他却弃之不顾，转而匆匆进入了上封寺，这又是为什么呢？

接下来的三天，他在日记中是这样写的：

二十三日　上封。

二十四日　上封。

二十五日　上封。

也许是他碰上大雨，被困在了上封寺，正好用这些闲暇来整理日记或写文章；也许是他连日奔波，脚疾复发，只能以养伤为主；也许是这几天的日记系后来补给或重写，他忘了逗留上封寺的具体原因。

总之，在事无巨细的徐霞客游记中，他没有对这件事进行任何解释说明，非常蹊跷。

正月二十六日，天气晴好。徐霞客游观音崖，登顶祝融峰，再游会仙桥，从不语崖西下，过老龙池、侧刀峰，进入福严寺。福严寺大殿已经倒塌，彼时僧人正在筹划重建。晚上，他们住在明道山房中。

正月二十七日，徐霞客早起，雨仍然下个不停，饭后上路时雨竟然逐渐停了。他们于是向西游了华盖峰、天柱峰、观音峰、罗汉台、方广寺、天台寺等。

徐霞客来到方广寺时，见到的是一片狼藉，大殿几年前被大火烧毁，几尊佛像暴露在风雨中，已经完全没了形状。寺中有两个年轻的僧人，一个叫"宁禅"，一个叫"庆禅"，他们说："时局动荡，寺庙和僧人也无法幸免。寺里的僧人都出去化缘筹资了，争取能尽快重建。"

徐霞客来到天台寺时，不巧寺内有名的全撰僧人因事外出，他的徒弟中立拿出上好的芽茶馈赠给徐霞客，态度也十分温和。

日暮时分，徐霞客本想借宿天台寺，但想到宁禅、庆禅两名僧人的处境，他心有戚戚，于是返回方广寺借宿。

方广寺的住宿条件明显比天台寺差，但徐霞客并不介意，他觉得两名年轻的僧人更需要精神支持。他给他们讲述自己的故事，希望能给他们安慰和鼓励。

正月二十八日，风雨丝毫没有要停的意思。吃过早饭，徐霞客便要起身告别，宁禅、庆禅竭力挽留，但拗不过徐霞客，便不再坚持。

他们将徐霞客和顾行送出很远才道别。

主仆二人游至衡山最西边的马迹桥，之后逐渐向南，过国清亭、穆家洞、陶朱三洞等，夜宿横口，南去五十里就是衡阳。

知识大串联

南岳四绝

衡山风景区的祝融峰、水帘洞、方广寺、藏经殿四个景点并称"南岳四绝",分别对应高、奇、深、秀四种特色。

趣味小贴士

衡山最高峰为什么叫"祝融峰"?

祝融是中国上古神话中的人物,传说中楚国君主的祖先,颛顼之后。据说他居住在南方的尽头,传下火种,教会了人类使用火。祝融被尊南方神、火神、南岳神——按照"五行"学说,南方对应的正是火。

南岳大庙中供奉的正是祝融氏。因此,衡山的最高峰被称为"祝融峰"。

南岳衡山上封寺

读万卷书　行万里路

23 湘江遇匪（一）

◇ 时间：崇祯十年（1637）
◇ 地点：湘江（湖南省衡阳市）
◇ 主要人物：徐霞客、静闻、顾行

有人错误地认为，《徐霞客游记》是"米盐琐屑""甲乙账簿"，只会不厌其烦地罗列一些地形、地貌、山川走向，记述一些地名、方位、距离，缺少可读性和趣味性。

我们必须认识到，它首先是伟大的科学著作，其次才是文学艺术珍品，但绝对不是民间传说和逸闻趣事。我们还是能从极其简练、克制的文字中，读到一些惊险的瞬间和人性的幽暗。徐霞客接下来的这段经历就表明了这一点。

游完衡山之后，徐霞客和顾行来到衡州府（今湖南省衡阳市）与静闻会合，之后又逗留数日，把衡州府四处游了个遍。

三个人预订了船只，打算逆湘江而上，去往祁阳、永州方向。

湘江经过衡州府东边时，大体是南北走向，但形成了几个"S"形弯道。东阳渡、车江、云集潭正是河道转弯的地方。云集潭再往南，就是新塘站。故事就发生在新塘站

上游不远处。

他们乘坐的是一艘大船，除了船夫父子，船上一共有四拨人。

第一拨是徐霞客、静闻和顾行。

第二拨是艾行可和他的两个朋友、一个随侍。艾行可是桂王府祭祀礼仪的先生，属于衡州府本地人。

第三拨是石瑶庭。石瑶庭祖上是苏州人，但从他祖父辈就迁居衡州府，也算本地人。

第四拨是前舱的五个徽州人，他们看上去也常年在外闯荡。

二月十一日这一天，是一个难得的晴天，入夜后，月光皎洁。自入春以来，不是下大雨，就是下小雨，这还是第一次见到月亮。昨晚还是潇湘夜雨，今晚已是湘浦明月，所以徐霞客心情特别激动。

岸上虽然前不着村、后不着店，但江上停了两艘运谷子的船。于是，众人建议船夫将船跟运谷船停靠在一起。这时，同样是往上游走的五六艘船见状也纷纷停靠过来。

没过多久，江边岸上突然传来一阵哭喊声，声音尖细，像是孩子，又像是妇女。

哭声持续了很久，附近几艘船上都没人回应。徐霞客心想，这人一定是遇到了困难，以致在这荒野里哭泣。他虽然很同情，但也不愿多管闲事。

针对此情此景，他的文人本色又显现出来了，躺在船上想了两句诗："箫管孤舟悲赤壁，琵琶两袖湿青衫""滩惊回雁天方一，月叫杜鹃更已三"。

临近半夜的时候，静闻和尚实在听不下去了，就趁上岸解小便的时候（静闻严格地遵守戒律，吐痰、解手等必须上岸，不能让脏东西排到河里）上去询问："施主是哪里人？几岁了？是不是遇到什么难处了？"

原来这是个孩子。那孩子说："我是王**宦官**的门下，今年十二岁了。王宦官常常酗酒，喝醉了就拿棍子打我。以前我不敢逃跑，因为我父母将我卖给王宦官为奴，我不想给父母添麻烦。如今我父母过世了，我再也

宦官

宦官，又称"太监"，是中国古代京城专供皇帝及其家族役使的官员。在东汉、唐、明等朝代，宦官甚至掌握国家大权。秦朝的大臣赵高、明代的魏忠贤等都是宦官。

不想忍了，想逃出这里，再也不回来了。请师傅慈悲为怀，收留我一晚……"

静闻说："你一个小孩子，能跑到哪儿去？！如果你一跑了之，王宦官还可能找上你的其他亲人，不如回去跟他好好说一下。人同此心，心同此理，道理总是能讲通的。"

没想到那个孩子竟然躺倒在岸边，称静闻见死不救。

静闻见孩子胡搅蛮缠，就不再理会，转身返回船上。

就在静闻上船后不久，不知从哪里出现一群强盗，只见他们举着火把，拿着刀剑，喊打喊杀，径直尾随静闻冲到船里来。

徐霞客一听外面有强盗，首先想到的是保护钱财，于是迅速把铺板下小箱子里的旅费拿出来，藏到其他地方。刚想从船尾跳进水里时，徐霞客发现几个强盗已经堵住了船尾，正用刀乱砍船尾的门。

于是，他在船篷上用力掀出一道缝，把小箱子扔进了水里。

这时，船头的强盗往后走，船尾的强盗往前走，他们前后乱戳乱捅，把船上的人都逼到一个角落里。大家非常狼狈，要么光着身子，要么裹着被子，身上都带了伤，跪在强盗面前求饶。强盗哪里会听，朝人群又是一阵乱捅……一阵惊恐之余，大家纷纷掀起船篷跳进水里逃命。

徐霞客最后一个跳水，脚被纤绳绊住了，竟然连船篷也带了下去。

可想而知，徐霞客其实是栽进水里的，头先碰到河床，耳朵里灌了水，还呛了水。幸好他的水性很好，他迅速一跃而起，浮在了水面上。

他站起身，发现江水比较浅，仅到腰部，便逆流向江中走。这时，原本停在一起的一艘邻船为了躲避强盗开了过来，徐霞客便翻身上了那艘船。

邻船上的乘客见徐霞客光着身子，冷得直打哆嗦，便把船夫的被子拿给他裹上。回望被抢劫的那艘船，一时火光大起，强盗们齐声喊了一声作为信号，便迅速离去——真是一群"专业"的强盗。

原本停靠在一起的那几艘船，都开到香炉山下停泊。船上的人开始聚在一起议论刚才的事情。其中一个人说道："那个从江苏来的读书人，身上被捅了四刀，真是可怜！"徐霞客心想：他说的读书人应该就是自己。事情刚发生这么一小会儿，谣言就传开了，而且越传越离谱。庆幸的是，他光着身子暴露在强盗的刀剑之下，居然没受伤。

只是不知道静闻和顾行人在何处。既然他们也跳进了水里，应该没有性命之虞。至于钱财和行李，抢就抢了吧，只要人没事就行。

原本被抢的那艘船上的人，也都上了其他邻船避难。

原来，顾行也在其他船上，他不幸中了四刀，疼得不停呻吟。

原来别人所说的"从江苏来的读书人"指的是顾行。

邻船上的人看徐霞客没衣服穿，就分给他一条裤子和一件内衣，他也取出藏在发髻中的银耳挖答谢人家。

读者朋友可能要问：徐霞客为什么会在发髻中藏一个银耳挖呢？这跟他从前的一段遭遇有关。

大约二十年前，他很少用簪子绾头发，也从来没想过小簪子会有大用场。有一次从福建返回钱塘江的途中，他的盘缠用完了，碰巧那天用一个银簪子绾着发髻，就把簪子取下来一分为二，用一半付了饭钱，用另一半雇了轿子，这才顺利回到昭庆寺金新月的房中。

从那以后，他就多了一个心眼儿：在发髻里经常藏一些银器。

徐霞客见顾行也没衣服穿，就把裤子给了他，自己仅留内衣。但是内衣太短，遮不住下半身，别的船夫又送给他一块补丁布蔽体。

被抢的船上本来是十五个人，大家一盘点，发现少了七个人（静闻、艾行可和他的两个朋友以及三个徽州人），于是就一起回去找。

那么，他们最后找到其他人了吗？请继续往下看。

知识大串联

衡阳又称"雁城",你知道为什么吗?

在第一册"登顶雁荡山"一节我们提到,古人认为,北雁南飞,到衡阳就停下,等来年开春再北归。于是,衡阳跟"大雁文化"产生了密切关联,衡阳有回雁峰、来雁塔,有"衡阳雁断"的成语,有"衡阳雁去无留意"的诗句,等等。因此,衡阳又称"雁城"。

趣味小贴士

"湘江"这个名字是怎么来的?

关于"湘江"这一名字的由来,有很多种说法。一说在楚人看来,湘水是向我而来,漓水是离我而去,故一称"湘"(相),一称"漓"(离)。一说舜帝曾到南方巡狩,"崩于苍梧之野,葬于江南九疑",因"相"有"巡狩"的意思,故此水被称为"湘水",娥皇、女英二妃即湘水神。

读万卷书　行万里路

24

湘江遇匪（二）

◇ 时间：崇祯十年（1637）
◇ 地点：湘江（湖南省衡阳市）
◇ 主要人物：徐霞客、静闻、顾行

"湘江遇匪"是对徐霞客的"万里遐征"造成重大影响的事件。

　　这次"浩劫"不仅让徐霞客深刻体会到命运的无常，更成为其西南之行的重要转折点。此后，徐霞客多次用占卜的方式来决定自己的行程，也因为旅费问题颠沛流离、耗尽心神，最终靠沿途友人的资助才得以到达云南。

　　甚至可以说，这一事件直接导致了静闻的离世，间接导致了顾行日后的叛逃。

　　一行人一盘点发现少了七个人，就打算回到事发地点找一找。

　　徐霞客也有一个隐秘的想法：虽然行李或被抢或被烧，应该不剩什么了，但他扔到江底的小箱子应该还在。应该趁天明前找回来，免得天亮后被别人看到并拿走。

然而，江上来来往往的船夫见这帮人衣不蔽体、蓬头垢面、满身血污，像囚犯和恶鬼一样，都不愿意载他们过去。

他们只好光着脚，沿江岸一路向北走去，一边走，一边喊。

艾行可的仆人喊着主人的名字，徐霞客喊着静闻的名字，两个徽州人喊着自己同伴的名字。

忽然，徐霞客听到有人回应，料想一定是静闻，定睛一看，果然见静闻在船被抢被烧的地方。知道静闻没事，徐霞客高兴得不得了，继而跳进水里去寻找之前扔下的小箱子。

静闻说："别找了，小箱子我已经找回来了，里面的财物都不见了。好在你亲自临摹的《大禹碑》和《衡州一统志》还没有湿。"

静闻心疼徐霞客穿得太少，又脱下自己的衣服给他穿上。

后来，三个徽州人和艾行可的两个朋友也陆续被找到了，唯独艾行可不见踪影。于是，艾行可的朋友和仆人又找船沿江去找。

静闻见大家又饥又冷，就潜到江底找回一口锅和一袋湿米（抢救回来的干米被艾行可的仆人拿走了），煮了米粥分给大家，自己最后才喝。

原来，当时大家只顾着跳船逃命，只有静闻留了下来。他见佛经和书箱都还在船上，就决定留下来守护。

强盗破开箱子，见没有财物，就把书倒了一地。静闻舍命乞求，才保下佛经和书籍，他当着强盗的面重新把书籍装回箱子，强盗也视而不见。

强盗撤退前，在后舱放了一把火。静闻等强盗一走，就赶紧取水救火；强盗听到有动静，回转身见是静闻在救火，就又捅了他两刀。

静闻忍痛跳入水里，将落水的船篷当成筏子，一趟又一趟地捞取落水的物品，暂存到运谷船上。运谷船上的人不仅没有施以援手，还趁天黑把其中贵重的丝绸衣服藏了

起来。刚往返三趟，着火的船就沉了。

之后，静闻守着找回的物品，等大家回来认领。这才有了碰面之后的故事。

认领物品时，石瑶庭和艾行可的仆人也不作区分，见东西就拿，其中一个箱子没有被打开过，石瑶庭称是自己的，静闻就问道："里面的东西都是你的吗？"

没想到，这一句话惹怒了石瑶庭，他指着静闻破口大骂："你个臭和尚，大家都怀疑是你把强盗引来的。你真不是好人！你还想把我的箱子据为己有。"

他哪里知道，这个箱子是静闻忍着刀伤和寒冷，从水火之中救下来的。

强盗尚且对出家人手下留情，这个姓石的却不留一点儿口德，简直比强盗还恶毒。

丢失的物品中，让徐霞客感到惋惜的是一些珍藏的书籍、碑帖、地方志、书信。比如张宗琏的《南程续记》，张家人珍藏了两百多年，徐霞客苦苦央求才得到；还有曹能始的三本《名胜志》、四本《云南志》和十本《游记》的合刻本；还有陈继儒写给丽江土司和其他朋友的几封信以及别人托付寄送的几十封家书……它们或被强盗带走，或被大火烧毁。

艾行可的仆人没有找到艾行可，派人回家打听消息，艾家人说艾行可没有回家。

大家没了钱财和行李，寸步难行，只能求来一艘船，先坐着返回衡州府，再想办法。

故事的结局是，衡州府的朋友暂时收留了徐霞客并帮他报了案，希望官府能缉拿盗匪、追回财物，但最终没有得到回应。

需要交代的是，艾行可的尸体后来在事发地下游十里外被找到。他并没有像传说的那样被强盗大卸八块，而是溺水身亡。徐霞客认为，艾行可散着头发逃跑，正是其被卷入激流无法自救的原因，而自己藏在发髻中的银耳挖绾着头发不至披散，帮了大忙。

这件事对徐霞客的西南之行造成了重大影响。旅费和行李被强盗一扫而空，让之后的旅程变得更加艰难。自此以后，筹措旅费成了西行途中无法忽视的主题，徐霞客和静闻也一度因此爆发冲突。另外，由于受凉或受伤，三个人相继病倒，静闻更是于不久后病逝。

知识大串联

曹能始是谁？

《徐霞客游记》中多次提到曹能始的题字和著述。曹能始与徐霞客是同时代人，在地方志、地理学等方面颇有成就，著有地方志近千卷，如《大明舆地名胜志》《蜀中广记》等。徐霞客作为地理学爱好者，自然经常将这些书带在身边。

趣味小贴士

张宗琏与徐霞客有什么关系？

《徐霞客游记》提到，徐霞客曾拜访张家后人，再三央求，得到了张宗琏的《南程续记》。

张宗琏是明朝廉臣，他曾在徐霞客的老家做官，赢得了百姓的爱戴。徐霞客寻访张家后人，是受母亲生前所托，将给她祝寿的钱，用于修缮张侯祠（常州人为张宗琏建的祠堂），可见她十分爱戴张宗琏。《南程续记》应该是张宗琏做官时的日记或游记。作为地理学爱好者，徐霞客当然会对《南程续记》爱不释手。

湘江夜景

读万卷书　行万里路

25

两游桂林七星岩

◇ 时间：崇祯十年（1637）

◇ 地点：七星岩（广西壮族自治区桂林市）

◇ 主要人物：徐霞客、静闻、顾行

崇祯十年（1637）闰四月初七，徐霞客一行人沿湘江从湖南永州东安县城进入广西桂林全州县城，其后游历兴安、桂林、阳朔、柳州、柳城、融水、桂平、玉林、北流、容县、贵港、横县、南宁、崇左、沂州、隆安、上林、河池、南丹等地，于崇祯十一年（1638）三月二十七日从南丹进入贵州境内。

关于广西见闻的四篇《粤西游日记》约占《徐霞客游记》三分之一的篇幅，由此可见徐霞客对广西山水的兴趣甚浓。

闰四月二十九日，徐霞客、静闻进入桂林府城与顾行会合；六月初十，一行人离开桂林，南下柳州。

七星岩是桂林的一处标志性溶洞景观，位于今市区东部、漓江东岸的七星公园内。

徐霞客于五月初二第一次游七星岩，于六月初二第二次游七星岩。

在湘江被抢后,徐霞客与静闻、顾行回到衡州府借钱,衡州府一个姓金的朋友劝他回家,并说道:"桂王府那边的钱不好借。如果你打算回老家的话,我倒是可以筹点钱,给你重新置办一套行李。"然而,徐霞客"不欲变予去志"(不想改变自己离开的决定),仍然坚持请对方帮忙。静闻也表示愿意想办法。

然而迁延多日,他们只借到数目较少的钱,徐霞客不想再等,但静闻想再尝试一下。于是,徐霞客留下静闻在衡州府继续筹钱,自己则带着借来的少量的钱,带着顾行去往湖南南部。

待主仆二人转了一圈回到衡州府后,筹钱的事还是没进展,徐霞客索性带着静闻和顾行离开了衡州府,沿着湘江向西南进入广西界。

这其间还有一个小插曲。

我们在前面曾提到，徐霞客最想去的地方有四个（陕西华山、山西恒山、四川峨眉山、广西桂林），其中就包括广西桂林。所以，他一直计划进云南之前去广西看看。

但在湘江遇匪后，他的这一想法发生了改变。有人劝他舍弃广西，先去湖北荆州找一位当官的叔父借钱，然后再继续西南之行。在借钱无门的情况下，他觉得这个人的建议也很有道理，一时犹豫不决，于是去一个道观里**抽签**，让神明来替自己

> **抽签**
>
> 抽签是我国的民间习俗，是占卜的一种形式，带有神秘色彩。我国古代民间认为，抽签占卜能预测事情的吉凶、祸福。道观、寺庙和民间的庙宇中，大多都会摆放签筒供人抽取签条问卜。

拿主意。

徐霞客抽了一签，让道士帮忙看看，下一步去广西好，还是去湖北好。那解签的道士说："向北去，一路坎坷；向西去，一路大吉。"

于是，徐霞客一行就来到了广西。

进入广西境内后，徐霞客让顾行直接坐船去桂林，自己则和静闻走陆路，顺道游览全州、兴安等地。

闰四月二十八日，徐霞客、静闻进入桂林府城，找不到顾行，就在南门附近的旅店住宿。

闰四月二十九日，徐霞客和静闻一边四处游览一边寻找顾行，终于在城外找到了他，于是就一起回城内一个赵姓人家里住下。

五月初一，一行人游桂林城北的叠彩山和城东的伏波山。

五月初二，一行人带上饭菜和铺盖，奔七星岩而去。

一行人从寿佛寺（今栖霞寺）左边开始登山，先来到摘星亭。

站在摘星亭上方的石崖上，俯瞰桂林城和西山，一行人心情异常舒畅。

摘星亭旁边有一个佛寺，徐霞客问寺僧七星岩洞的入口在哪儿，寺僧推门就让他们进去了，原来这个佛寺就是入口。

拾级而上，继续往西北方向走去，七星岩就在眼前。洞内高高隆起，洞底平坦，有无数挺立的石笋和悬垂的石柱。

从右边的台阶下去，一行人就进入了栖霞洞。洞顶高远，让人顿生敬畏感。洞顶横着一条裂缝，当中有一条石鲤鱼。石鲤鱼的头、尾、鳞片等栩栩如生，即使专门雕刻，恐怕也无法做到如此生动。

沿栖霞洞西北方向的台阶上行，平台层层垒叠，这正是老君台。洞的北面一分为二，一面是高台，一面是深壑。一行人举着松明灯沿高台往上，但见崖壁上的裂纹繁复变幻，让人一度陷入眩晕。

往北通过窄门，又是一个石洞。洞内有石栏杆，石栏杆下深不见底，这便是獭子潭（今癞子潭），听人说这里的潭水可以通向大海。此时，徐霞客心里暗想："恐怕这只是一条在岩窟内流淌的暗河吧。如果是能东流入海，这水在沿途早被人发现了。"在石洞的东北方向，石头的形状千奇百怪，有的像馒头，有的像渔网，有的像仙人下棋，有的像瓶中插竹……

一行人再往上走，来到洞内的另一条地下河，名叫"龙江"，它像獭子潭一样深不见底，但比獭子潭更宽阔。

继续往前，就是红毡、白毡（今金纱、银纱），其岩石上的纹理非常细密，像是用金丝银线织成的纱布。

众人往东走，经过凤凰戏水，再穿过一道冷冰冰的石门，只见一道白光照入洞内，仿佛早晨的曙光。

众人走出后洞，但见一条溪水从北往南流向洞内。徐霞

客猜想，这大概就是龙江吧！

横跨在溪水上的小石桥，是由宋朝宰相曾布建的。洞口右边的石壁上，还刻着曾布所作的碑记。看过碑记，徐霞客才知道，此洞以前叫"冷水岩"，曾布在此建桥后，才改名为"曾公岩"。

至此，七星岩之旅就结束了。相较于徐霞客曾游过的其他名山大川，七星岩算是一个袖珍景点，因为七星岩游程仅约1000米，其所属的七星山海拔不足300米，相对高度仅100多米。

七星公园位于今天的桂林市区，交通非常方便，可以说，七星岩景区对于体力欠佳的游客而言，显得非常友好。

知识大串联

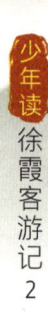

"闰月"是怎么回事？

在《徐霞客游记》中，1637年出现了"闰四月"。闰月是我国农历中一种特殊的计时方式，即每两到三年增加一个月（实际上是十九年七闰）。传统农历是按月亮的圆缺变化来确定日期的，但以这样的方式推演出来的日历，每过一段时间，就会跟回归年（即四季变换）脱节。为了兼顾月相和回归年，每两到三年，就要增加一个月，即闰月。如果将闰月放在四月之后，人们则称之为"闰四月"，相当于当年的第二个四月。

趣味小贴士

"七星岩"的名字是怎么来的？

"七星山"是七星公园内普陀山和月牙山的合称，其中普陀山有四峰，月牙山有三峰，七座山峰排列得如天上的北斗七星，故人们将其命名为"七星山"，将上面的岩洞命名为"七星岩"。

原文赏析

【原文节选】

又北行东转,过红毡、白毡,委裘垂毯,纹缕若织。又东过凤凰戏水,始穿一门,阴风飕飕,卷灯冽①肌,盖风自洞外入,至此则逼聚而势愈大也。出此,忽见白光一圆,内映深壑,空濛若天之欲曙②。

【注释】

①冽:寒冷。②曙:天刚亮。

【参考译文】

继续向北走之后转而向东,经过"红毡""白毡",这两处仿佛是悬挂着的裘衣和下垂着的毛毯,纹缕仿佛是编织出来的。又往东,经过"凤凰戏水",这才穿过一个门洞,里面阴风飕飕,吹卷灯火,寒冷刺入皮肤,风应当是从洞的外面刮进来的,到了这个狭窄的地方势头变得更大了。从这里走出去,突然看到有圆圆的一道白光,映照在洞里面的深壑之中,朦朦胧胧仿佛是天上即将露出的曙光。

桂林七星岩风光

读万卷书　行万里路

26 游靖江王城

◇ 时间：崇祯十年（1637）

◇ 地点：靖江王城（广西壮族自治区桂林市）

◇ 主要人物：徐霞客、静闻、顾行

在桂林期间，徐霞客一行人曾往返阳朔（五月二十一日从桂林出发，五月二十八日返回桂林），也曾购买王室后人的石头，找拓工帮忙拓碑。他们还多次尝试登独秀峰，然而未果，留下了很多故事。

可以说，桂林城是徐霞客游得最酣畅淋漓的一座城。

城内有山有水，城郊有岩有洞，且相距不远、交通便利。对于有着超常体力和脚力的徐霞客来说，游桂林城简直就是小菜一碟。

不过，他在这里也留下了不少憾事。今天我们就来讲两个与靖江王城有关的故事。

王城位于桂林城中心，它的第一位主人是朱守谦，明太祖朱元璋的侄孙。此后，这一脉世代袭封，共有14位靖江王在此生活。

王城占地面积不大，呈一个标准的长方形，南北长约

500米，东西宽约300米。跟所有的皇家建筑一样，王城内具有政治内涵的建筑大都分布在南北中轴线上，前面是办公区域，后面是生活区域，左、右两边是次要建筑。

按说这么一个呆板的建筑群，对徐霞客不会有什么吸引力，但他偏偏对王城北面的独秀峰情有独钟。

独秀峰被誉为"南天一柱"，其实只是一个高约66米的孤峰。但其可贵之处在于，它矗立在靖江王府的后花园中。花园中的假山、乱石本很常见，但挺立的山峰却不常见，更何况，山峰中有历代文人雅士所留下的石刻碑文。

来到桂林城，徐霞客当然想登独秀峰。但在明代，独秀峰归靖江王府管辖，属于王室禁地，不是随便什么人都能上去看的。于是，徐霞客找到好朋友灵室和尚，希望他能帮忙。

五月初四这一天，徐霞客和静闻在灵室和尚的带领下，从王城北门进入，来到独秀峰下的佛寺。

灵室的师傅绀谷正是这座佛寺的住持，但他没有放行的权限。他对众人说："要想登山，必须启奏王爷，获得准予。最近王府在举行礼佛仪式，也会搭台唱戏，靖江王会不时上山观礼和看戏，现在奏请，肯定不合适。不如十一日启奏，如果获准，你们就十二日登山。"

五月初十，徐霞客和静闻想去给绀谷送一些茶叶和题好诗的扇子，见王城后门在唱戏和礼佛，很多人挤在门外围观。这时，静闻看见绀谷也在礼佛坛上，就偷偷挤过去把礼物送给他，绀谷悄悄对静闻说，登山的事改在五月十三日。

到了五月十三日这一天，徐霞客一行人匆忙吃过早饭，就去独秀峰下找绀谷。谁料，绀谷已经进王宫礼佛去了，他让徒弟灵室和尚给徐霞客传话："登山的事情，暂缓一下，等有了眉目再说。"

徐霞客不想因为登山的事再耽搁其他行程，就对灵室和尚说："绀谷师傅回寺后，请代为告之，我先去阳朔游历，返回桂林城后，再商定登山日期。"

这一拖，又拖到了半个月后。徐霞客从阳朔回来后，让静闻去找绀谷，问问登山的事是否有眉目了。静闻回来说，看绀谷的态度，好像不是太上心。言外之意，登山暂时没戏了。

这一天是五月二十九日。徐霞客本想此次返回桂林城后，登一次独秀峰，了却一个愿望，然后前往下一站。眼看日期一拖再拖，他有些意兴阑珊了。

六月初一，徐霞客听说绀谷因为焚香祭灵的事情跟靖江王闹得不愉快，街上也开始谣传起义军包围了衡州府城和永州府城，靖江王城因此加强了戒备。看来，登顶独秀峰的事怕是遥遥无期了。

徐霞客在日记中写道："独秀峰的下面，我都走过看过，要说它跟其他山峰不一样的地方，不过峰顶有亭台楼阁而已。"

这大概不是"吃不到葡萄说葡萄酸"，而是真的疲了、厌了，再也不想了。

另一桩遗憾，则是跟王室后人打交道的事情。

随着靖江王的后代不断开枝散叶，一些旁支就逐渐没落了。

其中一位王室后人,名叫朱初旸,就在王城外摆摊做生意,卖的是从四处搜罗来的各种奇异的石头。徐霞客看中了五块小的石头,就付了订金,约定后天来取。

而这一天,正是徐霞客第一次见绀谷的那一天。

五月初六,徐霞客忙着在桂林城周边游历,没顾得上去取石头。

又过了两天,一行三人来到朱初旸的摊上取石头。顾行拿上两块小的直接回寓所,剩下三块稍大一点的,徐霞客担心路上磕碰,建议用夹板包装,就约定改天再来取。

五月初十,也就是给绀谷送礼物的那天,顾行一个人到朱初旸家去取包装好的那三块石头。回来后,徐霞客发现其中的一块黑峰石,有斧凿黏接的痕迹,就亲自

带着石头前去调换，可朱初旸不在家，徐霞客就把石头留在他家了。

两天后，三个人又去找朱初旸，终于换到一块好石头。由于石头比之前的稍大，徐霞客就命令顾行用肩膀扛着，打算暂时寄存在一个姓胡的裱工家，等他们从城郊旅游回来后再取回。当时，天又下起了大雨，姓胡的裱工见顾行扛着石头进门，就赶紧伸手去接，谁料，石尖刚碰到手，就"砰"的一声断了。

几个人顿时傻了眼，不知道该怎么办，就把石头留在了裱工家。

一块石头，兜兜转转，最终还是没有买到手。

更让人唏嘘的是，王室后人居然沦落到要靠坑蒙拐骗讨生活。

而徐霞客搭船去阳朔时，遇到有五个人强行上船乞讨，纠缠半天，只得用一升米打发他们。这五个人，据说也是王室后人。

知识大串联

"桂林山水甲天下"是谁提出来的？

"桂林山水甲天下"是大家所熟知的千古名句，也是桂林旅游资源最好的广告语。这一表述最早的出处就是徐霞客多次请奏而没能准允登上的独秀峰。1983年，桂林市的文物工作者在独秀峰上发现一处碑文石刻，"桂林山水甲天下"七个字赫然在列，据说这是南宋的地方官王正功两首律诗中的一句，距今已有800多年。

趣味小贴士

靖江王城跟一所大学有关系，你知道吗？

广西师范大学的前身是于1932年创办的广西省立师范专科学校，其当时的校址在桂林雁山，后又被多次改名、迁址，1954年被迁回桂林，以靖江王城为校址。今天的广西师范大学拥有三个校区，其中王城校区就位于靖江王城。可以说，广西师范大学是一所以5A级景区为校园的大学。

读万卷书　行万里路

27 真仙岩再探洞

◇ 时间：崇祯十年（1637）
◇ 地点：真仙岩（广西壮族自治区柳州市）
◇ 主要人物：徐霞客

崇祯十年（1637）六月十二日，徐霞客一行人告别桂林城，继续向西南行进，途经永福、鹿寨等，于六月十四日进入柳州城。

趁静闻、顾行病情缓和时，徐霞客于六月二十日出柳州城，向北游柳城、融水等，七月初十返回柳州城，往返共二十来天。

真仙岩即今老君洞，位于广西壮族自治区柳州市融水县城南，是典型的喀斯特岩溶地貌。除了核心景点老君洞、隐仙洞，如今景区增加了高空索桥、玻璃平台等游玩点。

离开桂林城前，静闻和顾行就相继生病了；进入柳州城后，静闻更是病情加重，一度生命垂危。在此期间，徐霞客要照顾两个病人，非常狼狈，旅行也按下了暂停键。

六月二十日，静闻和顾行的病情稍有缓和，徐霞客又

沿柳江逆流北上，一个人赴柳城、融水旅游。

在融水县南境的和睦墟赶集时，徐霞客认识了一名姓陆的挑夫，其成为徐霞客在融水期间的重要向导。

六月二十五日，两人继续向北。这名向导兼挑夫见徐霞客总是打听岩洞，知道他不是奔有寺庙的景点去的，就给他推荐了读书岩、赤龙岩等。徐霞客见挑夫的推荐正合自己的心意，就给了他一点儿小费。

两人且走且看，很快就到了真仙岩。挑夫在洞外等候，徐霞客一个人进洞。但见洞口呈巨大的拱形，如同半个圆月。洞内一分为二，北面是陆地，南面是流水。再往里走，洞中石壁西边往南的地方有一个僧房，居住的僧人叫参慧。石壁东南边是巨大的石钟乳，上面好像缀满了珠玉和宝石，下面好像环绕着白象、青牛；还有酷似太上老君的石钟乳，"胡须"皎白，形神兼备。这个岩洞正是由此而得名的。如今，这尊老君像已不见踪影，洞名也已由"真仙岩"改回旧称"老君岩"。再往洞中走，千姿百态的钟乳石琳琅满目。可惜的是，没有照明工具，徐霞客无法继续深入。

徐霞客正在洞内细细观摩，这时僧人参慧进来找他，原来，参慧见他迟迟没有出来，担心他出意外。

众人遂一起回到僧房吃午饭。饭后，挑夫回家，徐霞客则和参慧一道去融水县市集，沿途又游览了独胜岩。

回到真仙岩，天色已晚，夜雨如期而至。徐霞客喝了参慧熬的粥，就在真仙岩洞内住下。

炎夏时节，洞内蚊子成群，嘈杂的嗡嗡声，合着哗啦

啦的水声，响了一个晚上。

接下来的两天，徐霞客都在洞内休息，抄录了一些石刻、碑文。这里真是避暑的好地方。

六月二十八日，参慧和尚制作了火把，带着徐霞客游览真仙岩后面的暗洞。与前面相比，后面暗洞的石柱更小巧、秀丽。

就在二人转来转去搜寻美景的时候，两个人不约而同看见一条大蟒蛇。

蟒蛇有多大呢？用火把去照，前面看不到头，后面看不到尾。徐霞客非常镇定，他见蟒蛇一动不动，就悄悄跨了过去，并且示意参慧也跨过去。等到出洞的时候，蟒蛇还是一动不动，两个人又依次跨了出来。

出来后，回望溪水流过的石洞，里面透着点光，对面的石壁上通着一个旁洞。徐霞客心想："要是能坐着船，沿洞内溪水游一遭，夫复何求！参慧师傅可有办法？"参慧说："可以一试，我去县城想想办法。"

两个人于是从洞左边的岩石继续往下走。洞底有许多条石脊，像一条条龙盘绕在一处，连"鳞甲"与"爪子"也都惟妙惟肖。

趁参慧出去找船的间隙，徐霞客顺便游览了老人岩和香山。

过后，他们下山去县城吃饭。

徐霞客听说融水有一种特别神奇的不死草，就在路上向一个医生打听。医生说："哪有什么不死草？所谓的'不死草'说的是挂兰，挂兰可以吊起来养，悬在空中不易枯萎。不死草是说草不会死，并非能让人不死。"徐霞客听后哈哈大笑。

他们还沿路打听了借船的事。碰到两个砍柴人，徐霞客忙问："我想借一条船，进真仙岩用，不知二位可愿帮忙？"两个砍柴人说："可以，好办。"徐霞客说："既然两位这么干脆，那就明天真仙岩见！"

答应得太爽快，徐霞客反倒有点犯嘀咕，因为之前问过不少人，都说不光借船有困难，就是找人帮忙抬上山恐怕也没人愿意干。

回到真仙岩僧房时，参慧和尚已经回来了。

参慧对徐霞客说："我转了一天，问了很多人，毫无头绪。在回来的路上，我倒是想到另一个办法。我们不如就地取材，在山上找一些木材，自己扎一个小木筏？"

徐霞客说："咱们想到一块儿了。"

六月二十九日一大早，徐霞客就催着参慧找人来造木筏。然而，参慧还没动身，昨天约好的两个砍柴人就带了一群人呼叫着到来。

其中一个砍柴人说："我们想过了，船不好找，也不好扛来。不如就地扎竹筏，跟坐船没两样。"

真仙岩再探洞

徐霞客没想到，人家还挺靠谱。于是爽快地付了工钱，让他们立马动手。

一群人忙里忙外，不一会儿，一个竹筏就造好了。

他们将木梯架在竹筏上，再在木梯上放一个木盆，让徐霞客坐在木盆里，脚放在木梯上。竹筏前面，有人用绳子拉；竹筏两旁，有人用竹篙控制方向；竹筏后面，水浅的地方，有人用肩推，水深的地方，那人就浮在水上拉。就这样，一行人沿溪水逐渐深入。远处的点点亮光照射着水面，泛起粼粼波光——这一景观就是"水月洞天"。

然而，竹筏在洞口被石崖拦住，无法行进，徐霞客只好舍弃竹筏，踩着石崖走出山洞。此时，豁然又是一个天地。由于水底石头坎坷不平，徐霞客无法落脚，于是就抓住山崖上的草丛往上攀登，转身回望四周，风景尽收眼底。

247

想到众人还在山洞里等着自己,徐霞客赶紧返回山洞,登上竹筏,顺流而下。

出了山洞,众人将竹筏拆散,将木头运回原地,各自回家。

返回真仙岩休息时,徐霞客又架着梯子,在巨石间搜寻、阅读石刻碑文。然而,让人意想不到的是,因为石头滑,人和梯子一起跌落,这让徐霞客从眉头到膝盖都受了伤。

后来,徐霞客因为拓碑的事情又逗留了几日,游览了铁旗岩等景点。

七月初九,徐霞客坐船南下,出融水县南境,第二天便返回柳州城。

七月十一日,徐霞客早起去寓所看望静闻和顾行,然而,两个人的病似乎毫无起色。

知识大串联

什么是拓碑？

《徐霞客游记》记述了徐霞客的很多拓碑活动。所谓"拓碑"，就是指将宣纸覆在石碑上，再将石碑上所刻的文字或图案拓印到纸上。拓碑前，需要将宣纸裁好，尺寸要大过石碑。拓碑时，先把宣纸用水打湿，平整地覆盖到碑面；然后用软槌轻轻敲打字口，等水分蒸发后，字口就会有明显的凹陷；最后用拓包蘸上墨汁进行拓印。拓印完成后，将宣纸揭下，就成为拓片。拓碑是保存文字和图案的重要手段之一。

趣味小贴士

你知道吗？巨蟒其实是无毒的

巨蟒虽然庞大，却是无毒的，这与进化有关。巨蟒相比其他蛇类更长、更粗壮，它们大都有一口尖利的、向后倾斜的牙齿，这样的结构有利用锁定住更大的猎物。之后，它们会慢慢地将猎物缠住并勒死。有了"咬""缠""勒"这样高效的攻击手段，巨蟒已经不需要毒液的辅助了。如果用毒，就需要尖细的牙齿作为注射器，这反而会使毒牙在捕猎大型猎物时被损坏。

原文赏析

【原文节选】

　　始由洞口溯流，仰瞩洞顶，益觉穹峻，两崖石壁劈翠夹琼，渐进渐异，前望洞内天光遥遥，层门复窦，交映左右。从澄澜①回涌中破空濛②而入，诵谪仙③"流水杳然""别有天地"句，若为余此日而亲道之也。

【注释】

　　①澄澜：清澈回涌的波澜。②空濛：缥缈、迷茫的境界。③谪仙：指唐代诗人李白。

【参考译文】

　　开始时由洞口溯流而入，仰望洞顶，益发觉得穹隆高峻，两侧山崖的石壁如劈开的翡翠和夹立的美玉，慢慢进去，景象渐渐奇异起来，望前边洞内有天上的亮光远远地照进来，层层石门、重重洞穴，交相掩映在左右。从澄澈回涌的波澜中冲破空濛进去，诵读着诗仙李白"流水杳然""别有天地"的诗句，好像是为我今日所见而亲自吟咏出来的诗一样了。

读万卷书　行万里路

28 崇善寺别静闻（一）

- 时间：崇祯十年（1637）
- 地点：崇善寺（广西壮族自治区南宁市）
- 主要人物：徐霞客、静闻、顾行

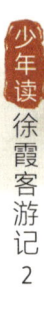

崇祯十年（1637）六月十四日，一行人进入柳州城；七月十八日，离开柳州城，南下桂平城。其间，徐霞客曾一人北游近二十天。

这是徐霞客西南之行中最困难的一段时期。静闻、顾行相继染病，卧病两处，这使得徐霞客非常被动，他的行程计划几乎被搁置。

静闻是徐霞客西行途中最重要的伙伴之一，他们的故事，还要从头讲起。

我们之前曾提到，徐霞客跟江阴迎福寺过往甚密，一度跟寺僧莲舟上人一起出游，而静闻正是莲舟上人的徒弟，徐霞客也因此结识了静闻。

虽然没有找到相关资料，但笔者推测，静闻的年纪不会比徐霞客大。

静闻是虔诚的佛教徒，十分崇敬迦叶菩萨。他誊抄了

一部《法华经》，发愿将经书供奉到云南大理鸡足山的悉檀寺，因为那里是迦叶菩萨的道场。当他听说徐霞客在筹划"万里遐征"时，就恳求结伴同行。

如果没有后面那些糟心事（指湘江遇匪），这趟旅程还是很值得期待的。

可以说，"湘江遇匪"既加深了他们之间的友谊，也间接制造了之后的矛盾。

正是静闻舍命守护佛经、书籍和财物的行为，让徐霞客深深感动。

当石瑶庭等人指责静闻是引盗入船的罪魁祸首时，徐霞客直斥其"人之无良如此"。

我们反过来想想：石瑶庭的指责真的是毫无道理的吗？

徐霞客在日记中提到，他也曾怀疑那个在岸上哭泣的人是专为诱骗大家上岸，并且明显谎报了年纪。

但是，徐霞客没有指责静闻，或许在他看来，坏人要

作恶，根本不需要理由。我们应该痛恨坏人，而不是指责因此而受骗的好人。

与周围人的冷眼旁观、运谷船的趁火打劫比起来，将生死置之度外的静闻，无疑具有一颗金子般的善心。

静闻虔诚、忠厚、善良，但散淡、不谙世事。

在衡州府筹钱陷入困境时，徐霞客对金祥甫、刘明宇二人的"不作为"是有看法的，但毕竟是求人帮忙，他也没那么理直气壮。

金祥甫在一次抓阄会上得到100多两银子，要不是徐霞客知道了这件事，他也不可能勉强答应借出20两。

徐霞客本想拂袖而去，但静闻表示愿意继续跟进筹资事宜，既然如此，徐霞客也愿意乐享其成，于是带上顾行到湘南游历了40多天。

返回衡州府后，徐霞客见静闻听讲经文刚回来，一脸喜乐；问他筹钱的事，却毫无进展。第二天，徐霞客又让静闻去催筹钱的事，静闻也是漫不经心。

徐霞客被静闻的散淡彻底激怒了，对他大声呵斥。

关于这一点，徐霞客也没有避讳，而是如实写入日记："以静闻久留而不亟于从事，不免征色发声焉。"

静闻的前半生是关起门来在寺院中修行，可谓"两耳不闻窗外事"，因此，他既不懂得世道险恶，也不擅长为世俗的目标孜孜以求。

三个人离开桂林城时，静闻已经病得走不了路了。徐霞客为他雇了一匹马，他却从马背上摔了下来；换成马车，马车又颠簸得厉害，而且每逢上坡下坡，还得让人扶着上下车。徐霞客只好出高价为他雇了一台轿子。

徐霞客在前，静闻在后，等进入柳州城后，却迟迟不见静闻到来。于是徐霞客返程去找，最后在柳州城外的一座庙里找到了他。

原来，三名轿夫见静闻好欺负，就给他换了一辆牛车，但又怕徐霞客看到，就故意绕道而行。为了尽量搜刮钱财，三名轿夫把静闻送到目的地后，还把静闻的包袱、铺盖抵押给庙里的僧人，自己拿走了押金。

钱没少出，罪没少受，还被人讹了钱财……即便如此，徐霞客找到静闻时，静闻仍一脸茫然，不知道发生了什么。

为此，徐霞客在日记中写道："静闻虽病，何愚至此！"

要说静闻不擅用恶意揣测别人，也不对，他还对徐霞

客产生过很大的误会。

事情还是发生在柳州城内。

静闻在庙里生病不见好转，顾行又在寓所病倒了，徐霞客需要同时照顾身处两地的两个病人，一时显得手忙脚乱，出游计划更是彻底被搁置。

等顾行的病情稍稍好转后，徐霞客就打算去庙里把静闻接回来。刚要出门，庙里的和尚主动跑来说明情况："静闻师傅的病昨天本来轻了好多，晚上突然又厉害了，现在都快咽气了，徐施主还是赶紧用车子把他接走吧！"

徐霞客说："怎么又严重了呢？我正要出门去接来着，听你这么一说，反倒不能挪动了。越少折腾，对他的病情越好。暂且让他留在庙里养病吧，麻烦你们了。我这就去找医生给他看病。"

报信的和尚听了这些话，怏怏不乐地走了。

在庙里见到静闻时，他已经病得脱了形，神志不清，胡言乱语。问他话的时候，他却一声不吭。过了一会儿，他才开口说出前一天的情况。

原来，他昨天本来见好，晚上煎了菖蒲、雄黄两味药喝下后，就感觉浑身没有一点儿力气。

徐霞客心想，这病本来就是内热郁积，再喝菖蒲、雄黄这些药性很猛的药，肯定会出事。他曾在一本书上读到过一个案例，说是这一带有人在端午节那天喝了菖蒲酒，一家人全死了。徐霞客对这个案例印象很深刻，就想用益元散给静闻中和一下药性；又怕静闻不相信自己的话，就找了一个医生帮忙诊断。医生开了一个很复杂的方子，徐霞客觉得没有切中要害，就把益元散给加进去了。

静闻喝下药，病情果然减轻了。

既然病情在好转，为什么静闻后来又病倒在了南宁呢？请继续往下看。

知识大串联

"抓阄会"是什么？

徐霞客曾提到，在衡州府筹钱期间，朋友金祥甫在一次抓阄会上得到100多两银子，本想偷偷收起来，不想被徐霞客知道了，便勉强借出20两。有人认为，金祥甫参加的抓阄会是一种赌博，实际上它是一种民间互助方式，即一群人定期定额交钱，累积到一定金额后，就用抓阄的方式决定谁先使用这笔钱。

趣味小贴士

"道场"是什么？

《徐霞客游记》中多提到"道场"。"道场"是梵文的意译，本指释迦牟尼成道之处，后借指供佛祭祀或修行学道的处所。在我国，许多佛教名山都是不同的佛与菩萨的道场，比如本节中所提到的鸡足山就是迦叶菩萨的道场。

读万卷书　行万里路

崇善寺别静闻（二）

29

◇ 时间：崇祯十年（1637）
◇ 地点：崇善寺（广西壮族自治区南宁市）
◇ 主要人物：徐霞客、静闻、顾行

崇祯十年（1637）七月二十日，徐霞客一行人到达桂平（旧称"浔州府"）。七月二十二日，徐霞客将静闻、顾行留在桂平，一个人向南游玉林、北流、容县等，于八月初九返回桂平。

八月初十，徐霞客一行人离开桂平，一路向西，过贵港、横县等，于八月二十三日抵达南宁。

在南宁期间，静闻卧病崇善寺。

九月二十二日，主仆二人从南宁出发，游崇左、大新、天等、隆安等。在崇左，徐霞客获悉静闻死讯，于十二月初十返回南宁。

话说徐霞客之前购买菖蒲、雄黄等草药只是备用，没想到静闻不辨病症，直接拿来煎药喝，导致自己的病情加重。

六月十六日这一天，静闻喝下益元散，又喝下医生开的药，病情稍稍好转。

六月十八日，徐霞客又去看望静闻，发现他的精神状态还没有完全恢复，就打算给庙里的和尚一些钱，让其买些绿豆、杂米熬粥给静闻喝，再喂一些豆芽菜和鲜姜给静闻吃。徐霞客后来转念一想，还是自己去买吧，因为之前拿钱让和尚买米，和尚没有买，只是买了面饼。

徐霞客认为，静闻体内有积热，应该吃得清淡一点儿。但庙里的和尚不这么认为，因为当地人喜欢大油大荤，所以他们认为静闻生病了就该大鱼大肉好好补一下，于是说道："你除了喂他药，只让他喝稀粥，这怎么行？！养病就得用好吃的来养，你分明是不舍得为他花钱。"

静闻听信了庙里和尚的这番说辞，也开始埋怨徐霞客不爱惜他的生命，不舍得为他花钱。

如今我们已经很难求证庙里的和尚是真的关心静闻，还是故意挑拨他和徐霞客之间的关系。但对徐霞客来说，被自己的好朋友这样误解，一定非常心痛。

两个人爆发冲突，并非只有这一次。

四月二十二日，因为筹钱未果，徐霞客一行人要离开衡州府，刘明宇前来送行。两方人马追来追去总是错过，徐霞客和静闻就返回来找刘明宇。当时，天下着大雨，两人走在泥泞湿滑的田埂上，交替跌倒又不断爬起，非常狼狈，于是开始互相埋怨。

还有一次，在从横县去往南宁的途中，静闻得了痢疾，屎尿弄得浑身都是，还把船舱弄得臭气熏天，真让大家难以忍受。在这种情况下，静闻依然坚持自己的戒律，不让污物入江，不用江水冲洗船舱。静闻的迂腐让徐霞客非常生气。

在小说《围城》中，钱锺书先生借辛楣之口说出这样一番道理："像咱们这种旅行，最试验得出一个人的品性。旅行是最劳顿、最麻烦，叫人本相毕现的时候。经过长期苦旅而彼此不讨厌的人，才可以结交做朋友……"

不过，偶尔的冲突，并不影响徐霞客和静闻的友谊，总体来说，他们的关系是融洽的。

很多时候，徐霞客出游都会带上静闻，也有一些时候，他会安排静闻在住地休息或坐船先行。要说路上最辛

苦的人，当属徐霞客，但他不觉得辛苦，也不勉强静闻加入自己的旅游事业。

静闻的疾病，肯定源于湘江上被捅的那两刀。此后，其元气大伤，疾患不断，虽然持续调养，但均不见起色；再加上舟车劳顿、水土不服，静闻终于在八月二十三日到达南宁崇善寺后一病不起。

在南宁逗留一个月后，徐霞客决定留下静闻养病，自己则和顾行继续游历广西西南部。

九月二十二日，主仆二人到崇善寺跟静闻告别。

九月二十三日，船早上没有出发。徐霞客突然想到静闻所住的房间，窗户有裂缝，冷风若吹进去对静闻身体不好，于是在船出发前，他又带着钱跑到崇善寺，把钱给宝檀和尚，委托宝檀和尚代为修理窗户并照顾好静闻。

静闻一再恳求徐霞客把他买的布鞋和茶叶留下。徐霞客说："你现在没法下床，也用不着布鞋，等你能下床行走的时候，我们会回来接你。为什么非得现在要我的布鞋

和茶叶呢？"

听说船很快就要启程，徐霞客没多做解释就出发了。

回到船上，徐霞客反复揣测静闻为什么索要布鞋和茶叶："他可能是想，等他病好了，就独自去鸡足山，不再等我们回来了。如果他真的能重新站起来，一个人前往云南，我们就没必要再回来了。他要我的布鞋和茶叶，肯定是抱着生的希望，不如直接把东西留给他，我们就不用再返回南宁了。"

此时，船已经开出很远，徐霞客中途返航，再次回到崇善寺，把布鞋和茶叶放下，在暮色中与静闻告别。

十月初八，徐霞客在崇左游历时，接到别人捎来的消息，说静闻已经于九月二十八日离世，并留下遗言，希望徐霞客将自己的骸骨安葬到鸡足山下。

徐霞客听到消息后悲恸不已，彻夜未眠。

知识大串联

菖蒲、雄黄

菖蒲，是一种多年生草本植物，根茎可入药，中医认为其有祛疫、解毒、化痰止咳等功效。

雄黄，是砷的硫化物矿物之一，有轻微毒性，外观为橘红色，可入药，中医认为其有祛疫、杀虫、解毒等功效。

民间认为两者均有驱邪的功效，直到今天，端午节时，家家户户大都会在门上挂艾草、菖蒲，在屋角及各个阴暗的地方撒石灰、喷雄黄酒等。

趣味小贴士

"瘴气"是什么？

《徐霞客游记》中提到，徐霞客和顾行在西行途中相继中了瘴气。那么，到底什么是"瘴气"呢？

"瘴气"是指热带、亚热带山林中的湿热空气，目前被认为是瘴疠的病原。

"瘴疠"为热带或亚热带潮湿地区所流行的恶性疟疾等传染病。

原文赏析

【原文节选】

其外乃万丈下削①之崖，其内即绝顶潄根之峡，内外皆乔松丛木，一道深碧，间②有日影下坠，如筛金飏翠③，闪映无定。出林则凿石成磴，又植竹回关，跻磴转关，而会仙之岩岈然④南向矣。

【注释】

①下削：向下陡削，形容岩壁陡峭。②间：间或，偶尔。③飏（yáng）：飘扬，飞扬。③岈（yá）然：山势隆起的样子。

【参考译文】

山冈外侧是向下陡削的万丈悬崖，山冈内侧是山涧由绝顶奔泻至山脚的峡谷，内外都是高大的松树和成丛的林木，一片深绿色，偶尔有日光下射，如同筛子筛下黄金、翡翠飘扬，闪烁不定。走出树林就是岩石凿成的台阶，险要之处又种了竹子回护着，登上石阶转过险要之处，就见会仙岩隆起的山脊深邃地朝向南方。

读万卷书　行万里路

崇善寺别静闻
（三）

◇ 时间：崇祯十年（1637）
◇ 地点：崇善寺（广西壮族自治区南宁市）
◇ 主要人物：徐霞客、静闻、顾行

从桂西返回南宁后，徐霞客与顾行于十二月十一至十八日，带病与恶人交涉，讨回静闻骸骨。

被大雨滞留一天后，徐霞客和顾行于十二月十九日离开南宁，向北走去。

徐霞客和顾行告别静闻，来到崇左后，结识了当地名士滕肯堂并受到了热情招待。这是自"湘江遇匪"以来，旅程中少有的慰藉和暖色。

十月初八这天傍晚，一个自称从南宁崇善寺来的和尚突然跑来告诉徐霞客，静闻已经于九月二十八日子时离世，他为静闻举行完火葬后才来找徐霞客。

静闻竟然死在他们仅仅分别五天之后！他是不是没有受到很好的照料，甚至可能受到了虐待？

崇善寺的云白和尚为什么没有为静闻置办棺材，而是

将他火化？

徐霞客为静闻留下的钱财和衣箱，是不是被什么人侵吞了？

主仆二人再次回到南宁，已经是告别静闻七十五天之后。

十二月初十，他来到崇善寺，询问静闻离世的情况。听人说，静闻根本不是死于九月二十八日，而是死于九月二十四日——也就是他和静闻告别的第二天！

他来到下葬的地方，哭着祭拜了静闻。

十二月十一日，雨一直下到天亮。徐霞客因自己的疮病越来越严重，很晚才起床。他记得静闻的遗愿：务必将他的骸骨葬到云南鸡足山下。但他也听说，带着骸骨上路困难重重，比如会遭到盘问，或者没有人愿意提供住处，等等。他于是跑到天宁寺抓阄想求助于神佛，抓阄的结果是，可以将骸骨带走。

于是，他冒雨赶到崇善寺，给了宝檀和尚一些银子，让他准备一些菜肴，帮忙安排起葬的事情。晚上，他回到梁家寓所住宿。

十二月十二日，雨下到中午才渐渐停止。徐霞客买了香烛等祭祀用的物品赶到崇善寺，却见云白、宝檀两个和尚毫无动静。他们说："死人埋下去，岂能说挖就挖？！再说了，你跟死者非亲非故，凭什么让你挖！万一将来有人追究怎么办？必须找个见证人！"

徐霞客说："静闻是出家人，早没了亲人，我就是他最好的朋友，你们还信不过我吗？非要找见证人的话，就让姓梁的来吧，整个事情的经过，他都知道。"

然而，徐霞客去请姓梁的来寺里，姓梁的却坚决不来；让两个和尚去梁家，两个和尚也不去。就在徐霞客坐下来等的时候，他们三个人又偷偷见面，好像在商量什么。他于是猜测这三个人是想瓜分静闻的遗物。

恳求的次数太频繁了，他们就开始破口大骂。

第二天，徐霞客写了一张领条，求姓梁的作为领取尸骨的见证人，只需要在领条上签字画押就行。姓梁的死活不答应。徐霞客又命令顾行去崇善寺请求，崇善寺的两个和尚还是昨天的那番说辞。无奈之下，徐霞客就跑去官府鸣冤告状，并且换了住处，从梁家寓所搬了出来。

接下来的三天，他和顾行一边去官府询问情况，一边继续两边求人。

十二月十七日,徐霞客又带了香烛、菜肴跑去崇善寺求云白和尚烧熟后祭奠静闻,并且说:"我只要袈裟、佛经和竹箱,其他可以换成钱的物品,你们任意处置,我不再追问,只求你让我带走静闻师傅的骸骨。"云白和尚敷衍说:"等宝檀和尚回来再说。"

徐霞客再也等不了了,决定先斩后奏。他跑到埋葬静闻的地方,挖出一个大罐子,罐中正是骸骨,还夹杂着一些木炭和泥土。他先把东西全部倒出来,用竹筷挑出一块块骸骨;又把木炭装回罐子,埋在原地。之后,他用几层纸将骸骨包好,带回放在崇善寺外(僧人不让带进寺院),然后去找寺里的和尚说明情况,要回袈裟、佛经、竹箱等物品。

这时候,宝檀和尚刚从外面回来,见徐霞客来要东西,就变了一副凶恶的面孔:"人死了,埋得好好的,你为什么要擅自挖出来?"

他找来一根绳子,一头绑上自己,一头捆上徐霞客,

耍起横来，而且嘟嘟囔囔说了好多话，大意是让徐霞客写一个领条，表明徐霞客拿了静闻的全部遗物——实际上只让他拿走袈裟和佛经。

天色渐暗时，徐霞客突然害怕起来，因为他之前就听宝檀自言自语道："你说我谋杀了静闻，我恨不得连你也杀了！"他于是依从宝檀的意思，写了一张领条，赶紧带着骸骨、袈裟和佛经逃了出来，住进另一家寓所。

他想早点离开这个是非地、伤心地，但因为阴雨连绵，一直雇不到车。

十二月十九日这一天，他再也不想等了，就出高价找了一个脚夫，快速离开南宁，一路向北。

从此以后，他的竹箱里多了一包骸骨。

如果徐霞客放慢脚步，静闻的病会不会好得快一些？肯定会的。

在徐霞客心目中，最重要的是旅行，他不愿为照顾静闻而放弃"万里遐征"。

可是，我们不能苛责他，因为在他心目中，连他自己的生命，也不及旅行重要。一路走来，他也一直患有疮病和腹痛，脚时常肿得走不了路，但也没有停下脚步。

他连他自己都对不起，我们又怎么能苛求他对得起静闻呢？

知识大串联

徐霞客《哭静闻禅侣》诗

静闻死后，徐霞客接连写了六首悼念诗，其中有不舍、惋惜，也有敬佩、自责。比如："晓共云关暮共龛，梵音灯影对偏安"等句表达了对静闻的怀念；"护经白刃身俱贽，守律清流唾不轻"等句则借湘江遇匪等事件，表达了对静闻的赞许；"客里仍离病里人，别时还忆昔时身"等句则表达了自己深深的愧疚。

趣味小贴士

崇善寺在今天的什么位置？

崇善寺如今已荡然无存，据考证，崇善寺一直留存至民国时期，是当时南宁城四大佛寺之一；1924年被改建为邕宁县立中学，也就是后来的南宁市第一中学。

2003年，南宁市第一中学在此施工时，从地下挖出《重建崇善寺碑记》等物件。由碑文得知，这里就是崇善寺遗址，而"重建"发生在清嘉庆年间。

如今，南宁一中校园内仍立有徐霞客像。

原文赏析

【原文节选】

井外即门，巨石东西横峙，高于洞内者五尺，若门之阈①。由井东践阈，踞门之中，内观洞顶，垂龙舞蛟，神物出没，目眩精摇；外俯洞前，绝壁抟云，重渊破壑，骨仙神耸。此阈内井外峡，下透水门，亦架空之梁，第②势极崇峻，无从对瞩耳。

【注释】

①阈（yù）：门槛。②第：通"地"，地势。

【参考译文】

井外就是洞口，巨大的石头东西横向耸立着，比洞内高出五尺，好似大门的一道门槛。由深井东侧踏上门槛，坐在门洞之中，向洞内观看洞顶，垂龙舞蛟，神龙出没，目眩神摇；向外俯瞰洞的前方，绝壁上云雾盘旋，重重深渊裂成壑谷，身临仙景，神魄耸动。这是石门槛内深井外的峡谷，往下通到水洞口，也有架空的桥梁，只是地势非常高峻，无法从正面观看而已。

读万卷书　行万里路

31 上林三里城

◇ 时间：崇祯十年（1637）

◇ 地点：三里城（广西壮族自治区南宁市）

◇ 主要人物：徐霞客、顾行

崇祯十年（1637）十二月十九日，主仆二人携静闻骸骨离开南宁城，北出昆仑关，过上林、宜州，转向西北，经河池、南丹，于崇祯十一年（1638）三月二十七日出广西境。

三里城位于今上林县境内，明朝时为南丹卫治所，徐霞客在此受到了盛情款待。

从1637年十二月二十二日进入三里城，到1638年二月十三日离开，徐霞客共停留近五十天。

徐霞客的广西之旅，可写的东西很多，如天等的百感岩、桂平的大藤峡、容县的都峤山、北流的勾漏山、横州的宝华山等。不过，本册最后一个篇幅，笔者愿意留给上林县的三里城。

从"湘江遇匪"以来，徐霞客沿途遇到很多困难，时常为筹措旅费、医治伤病、提防恶意而耗尽心神。

但在三里城，因为受到热情款待，他度过了一段惬意的时光，其中包括1637年的春节。他在三里城停留近五十天，写下了一多万字的游记，创造了"时间最久、游记最多的县份"的纪录。

广西之旅的最后一抹亮色，正是三里城给予的。

十二月二十二日，这一天是立春，阴云笼罩。

吃过早饭，徐霞客和顾行踏上从宾阳到三里城的官道。官道在杨渡（今洋渡）附近，被自西向东的清水河截断。汇水河自北向南奔涌而来，在杨渡汇入清水河。清水河北岸的官道，也与汇水河穿峡谷平行而来，到达杨渡后继续向南延伸。

杨渡，正是去往三里城的官道上的一个重要渡口。

坐摆渡船来到清水河北岸，沿官道继续北上，约十里后，官道东边的汇水河河谷豁然开朗。

此处，汇水河的东、西两个支流，在山下汇合。从河上的汇水桥向北望去，三里城正坐落于官道之上。

当晚，主仆二人在城南外一个姓陈的队长家住宿。

徐霞客此行要拜访的人是南丹卫参将陆万里。看称谓，陆万里应该是一名军人。那么，徐霞客怎么会跟军人扯上关系呢？

这里要简单介绍一下。所谓"卫"，是指明代卫所制度下的一类军事机关，而南丹卫就是其中之一。为平定南丹莫氏土司叛乱，明太祖设立了南丹卫，治所就在南丹；后明成祖将治所迁往三里城，但名字仍叫南丹卫。三里城就是南丹卫的治所。

这么说来，三里城并不是一座城市，而是一座城池。

之所以将南丹卫治所迁到三里城，肯定是因为这里的战略位置非常重要。我们前面曾提到，三里城东、西两面有汇水河的两条支流作为护城河，南面有石山作为天然屏障，其地势可谓易守难攻。

"三里"这个名字，相传还跟一代大儒王阳明有关。王阳明在平定"八寨之乱"后，收容难民，重新编户，将此地分为"三里"：上无虞里、下无虞里和顺业里。

城中所生活着的，大都是从全国各地迁来的军户，其中以江浙一带的军户为主。例如，徐霞客和仆人借宿的陈队长家，就是南丹卫的军户，其原籍为浙江绍兴，全家迁

上林三里城

到三里城已有二十多年；参将陆万里是江苏镇江人，跟徐霞客算是老乡，来此居住已有六年。

十二月二十四日，徐霞客将写给陆万里的书信递交到城北的参将府。陆万里看到信后，立即派了一名**把总**（职位比较低的军官）将徐霞客请去衙门。见面后，两个人用家乡话互相问候，异常亲切。

第二天，陆万里设宴款待徐霞客，不仅将徐霞客赠送的礼品全部送还，还将自己的弟弟引荐给徐霞客。兄弟二人都很谦恭、淳朴、忠厚，而且非常关照徐霞客。

十二月二十六日，徐霞客本来只是想去府衙道谢，却被留在府衙住下。陆万里不仅赠送其衣服鞋袜，还将供官府内部传阅的文书等给徐霞客看。徐霞客由此知道了自己的好朋友黄道周、钱谦益的官场动向。

接下来，陆万里兄弟陪同徐霞客游览了很多地方，宴饮不断，甚至邀请徐霞客到演武场观看跑马射箭。

笔者不禁揣测，在游遍名山大川的徐霞客看来，三里城的风景大概确实很一般。但因为有一群老乡陪同，他心情很舒畅，所以每个景点都长篇大论、不惜笔墨。

1638年二月十三日，在喝了一场又一场饯行酒之后，徐霞客告别三里城，继续向北走去。

在这本书中，我们讲述了很多曲折离奇的故事，而这些故事，放在主人公徐霞客身上，都称得上是"事故"。

就让我们将广西的故事，结束于三里城吧，结束于这平淡但幸福的地方。

在这里，离家万里的徐霞客，度过了一个并不孤单的春节。

知识大串联

王阳明是谁？

王阳明，名守仁，字伯安，世称"阳明先生"，浙江余姚人。明代理学家、教育家，"心学"的集大成者。除了有思想体系传世，他还以镇压农民起义和平定"宸濠之乱"，封新建伯，官至南京兵部尚书。三里城的形成相传就与王阳明晚年平定"八寨之乱"有关。

趣味小贴士

你知道"世界长寿之乡"是哪里吗？

广西壮族自治区南宁市上林县山清水秀，气候宜人，北宋时就有居民普遍长寿的记载，至今仍是长寿福地。

据2019年统计数据，全县总人口50.21万，其中百岁老人为82人，每10万人中百岁老人的人数为16.32人，远高于每10万人中百岁老人7.5人的长寿之乡国际标准。这里被联合国授予"世界长寿之乡"的荣誉称号。